WAC BUNKO

世界のトップを操る〝ディープレディ〟たち！

浜田和幸

WAC

JN125795

はじめに　〝ディープステート〟より凄い〝ディープレディ〟が世界を操る!?

「マクロン再選」と「トランプ復活」の鍵は「歳の差24」の妻が握る！

世界を動かす政治指導者の傍には常に女性の存在が見え隠れします。いまだに人気の衰えないジョン・F・ケネディ大統領の場合でも、ジャクリーン夫人とは別に愛人の存在が確認されていたものです。とはいえ、有名な女優マリリン・モンローとは別の女性です。ダラスで暗殺される直前にしたためたとされる、その彼女に宛てたラブレターが発掘され、最近も話題となっています。

さて、フランスでは5年に1度の大統領選挙が2022年4月に迫ってきました。現職のマクロン大統領は既に出馬の意向を固めています。史上最年少の39歳で大統領に選ばれたマクロン氏ですが、再選は簡単ではなさそうです。

というのも、新型コロナウイルスの影響もあり、フランス経済はマイナス成長となり、各地で反政府デモが頻発しているからです。ワクチン接種の義務化やロックダウンについても、国民の間では反発が根強く残っています。

そんなマクロン大統領にとって、最強の味方にして、最大のアドバイザーとなっているのが、フランスのファーストレディことブリジット夫人です。何しろ、24歳年上の〝姉さん女房〟で、マクロン少年が15歳の時に出会った高校の演劇部の先生に他なりません。

ブリジット夫人の実家は有名なチョコレート会社で、一番人気の商品はマカロンでした。いわば、マカロンを食べて育った彼女は早熟なマクロン少年の才気に魅せられたというわけです。成人してマクロン氏はエリート街道をまっしぐらで、ロスチャイルド銀行から経済大臣になり、ナポレオン皇帝と同じ歳でエリゼ宮の主になりました。その驚異的な躍進を全面的に支えたのがブリジット夫人です。

えてしてエリート臭を隠しきれないマクロン氏の隣で、熟女の魅力を振りまきながら、庶民的な雰囲気を醸《かも》し出すというドラマを巧みに演出し、大方の予想を裏切る形で選挙を勝利に導きました。勝利集会でマクロン氏は「彼女なくして、今の自分はない」とまで明らかにしたほどです。

そして、2022年の再選に向けても彼女は日々、秘策を練っているに違いありません。全国から寄せられる大統領宛の手紙は全て彼女が目を通し、夫に国民の声を届けるとともにに、必要な返事を抜かりなく彼女が用意しているといいます。長年、高校でフランス語の教師を務めながら、演劇部で指導を重ねた経験が十二分に活かされているわけです。これほど頼りがいのあるパートナーはおいそれとは見つかりそうにありません。

実は、アメリカのトランプ前大統領も、２０２４年の大統領選挙に向け、再度挑むことは確実視されています。この両人の運命を大きく左右するのが夫人の役割といえるでしょう。なぜなら、これまでもそうでしたが、欧米の大統領選挙では「夫婦道」そのものが問われる形で戦うことになるからです。

興味深いことに、両夫妻とも年の差は同じく24歳。とはいえ、マクロン大統領夫人は24歳年上で、トランプ前大統領夫人は24歳年下です。共に夫を支えるという役回りですが、その演じ方は対照的。

前者が熟女型だとすれば、後者は魔女的と言えるでしょう。マクロン夫人は超エリートの夫をより庶民的に見せるようにするため、人前での抱擁や口づけを欠かしません。周囲に人がいなくとも、常に息子ほど年の離れた夫の手や指を握っています。

年下の夫のために「若返り」の努力を重ね、顔面若返り手術やスパにエステと美容には人一倍時間とお金をかけているようです。ファッションにも気を使い、常に流行を先取りする姿勢を保っているため、世の女性からも幅広く支持を集めています。

一方、トランプ夫人の場合は浮気性の夫を毅然《きぜん》とした態度で諌《いさ》めることで、同じく女性からの支持を集める工夫を重ねているようです。ホワイトハウス時代のシークレット・サービスが彼女を「ラプンツェル」(グリム童話に出てくる美人の魔女で、尖塔に立てこもって人を寄せ付けなかったのですが、彼女を求めてきた王子のために長い髪の毛を垂らして自分の元に登ってこらせ、ついに一緒になった)とあだ名で呼んだのも、さもありなんと思われます。

夫の不倫問題がメディアを騒がすたびに、夫の手を振り払ったり、乗る車を別々にするなど、不信感を外に分かるようにデモンストレーションするわけです。これにはトランプ氏も脱帽せざるを得ないようです。

「ディープステート」と対峙する「ディープレディ」

いずれにせよ、これまでも、また、これからも2人の女性は夫と共に世界の注目を集め続けることは間違いないでしょう。選挙が近くなればなるほど、熟女と魔女の動きには拍車がかかり、益々注目されるはずです。本書では、他にも、アメリカの現大統領バイデン氏を身を挺《てい》して守るアスリートにして教育者のジル夫人や、イギリスのジョンソン首相を動物のように可愛がる、24歳年下のキャリー夫人の夫操縦のテクニックを明らかにしています。

こうした〝意外な事実〟を知れば知るほど、国際政治を動かしているのは、「陰謀論」的に言及されることの多い「ディープステート」（国際金融資本や主要国の政府組織内で暗躍するグループによる超国家的なネットワーク）ではなく、世界のトップを最も身近な立場で操る「ディープレディ」たちではないかと思わざるを得ません。

世界を揺るがす新型コロナウイルス（COVID-19）の起源を巡っても、バイデン大統領がアメリカの諜報機関を総動員して調査を命じたにもかかわらず、出された最終報告書は「中国側の十分な協力が得られなかったこともあり、ウイルスの起源の特定には至らなかった」というものでした。実は、この結論には「ディープステート」の代表格と目されるアメリカ国防総省のDARPA（国防高等研究計画局）が関わっているのです。

というのは、2014年から2020年にかけて、DARPAは中国武漢のウイルス研究所に「エコヘルス・アライアンス」を通じて、研究開発資金を提供していたことが元DARPAの研究員ジョゼフ・マーフィー氏によって明らかにされているからです。

もし、そうした米中間の「隠された協力関係」が明らかになれば、トランプ前大統領もバイデン大統領も「中国ウイルス説」を取り下げなければならなくなるでしょう。実際、アメリカ国防総省ではノース・カロライナ州の生物化学兵器研究所においてCOVI

D-19と同じウイルスとその治療薬の研究を進めていたことも専門家の間では周知の事実です。

　こうした研究を指揮し、必要な予算を確保しているのもペンタゴンやCIAの内部で暗躍する「ディープステート」に他なりません。まさに「政府奥の院」または「第4の権力」と呼ばれる影の部隊と言っても過言ではないでしょう。

　しかし、こうした「ディープステート」の世界制覇の野望の前に立ちはだかり、そうした動きに歯止めをかけようとしているのが「ディープレディ」なのです。もちろん、彼女らは夫に働きかけ、自分の理想の家庭や社会を築こうとしているに過ぎません。とはいえ、そうした無意識の行動が結果的には、「ディープステート」が目指す「ポスト・コロナのリセット社会」を阻むことになるとすれば、単なる「ファーストレディ」ではなく、「ディープレディ」としての役割を大いに期待できると言えるでしょう。

　教育、医療、環境保護など、分野は様々ですが、「ディープレディ」たちが世界の政治や経済のトップの座を占める夫や元夫を動かし、「ディープステート」と対峙していることの意味を本書から読み取って頂ければ幸いです。

　そうした「ディープレディ」たちの影響力に着目し、経済界からは資産額で世界1、2位を争う電気自動車「テスラ」のマスク社長とネット販売の最大手「アマゾン」のベゾス会長、そして世界3位の「マイクロソフト」の創業者ゲイツ氏を取り上げ、彼らが成功するきっかけを作った夫人や恋人の手練手管を分析しました。

ご参考まで、中国生まれで香港のスターTVの副社長だったウェンディ・デン（2022年1月現在53歳）が33歳で結婚した相手はメディア王のルパート・マードック（90歳）でした。更に言えば、あのエンターテイナーのミック・ジャガー（73歳）は30歳の彼女と子供を作ったものです。

ちなみに、ミック・ジャガーの元妻ジェリー・ホールとルパート・マードックは2016年に結婚しました。マードックにとっては4回目の結婚です。

要は、健康長寿は見た目から始まります。日常的にファッション、美容、食への関心を高めることから始めましょう。その具体的なヒントは本書で取り上げた、世界の美魔女から学べるはずです。

「女性遍歴」と「離婚」の果てに辿り着く「コロナ」と「宇宙」と「不老不死」

ところで、世界1位と2位の大富豪が激突しているのをご存知ですか？　その舞台は不老不死の秘薬研究に他なりません。主役はジェフ・ベゾス氏とイーロン・マスク氏です。

これまでベゾス氏は「アマゾン」の大成功を追い風に宇宙船「ブルー・オリジン」の開発にも熱心に取り組んできました。また、マスク氏は電気自動車「テスラ」で世界制覇を狙いつつ、宇宙船開発でも「スペースX」を立ち上げ、NASAとの間で宇宙船打ち上げ契約をほぼ独占しています。

この2人はライバルというより、犬猿の仲であることが知られています。マスク氏は派手な女性遍歴でも名を馳《は》せていますが、最近では脳とAIの合体による人間のサイボーグ化を進める「ニューラリンク」と称するビジネスを立ち上げたばかりです。

そこに殴り込みをかけるようにベゾス氏がシリコンバレーの新興企業に出資を始めたのです。この会社は「アルトス・ラボ」で、いわゆるアンチエイジングから始まり、若返りと永遠の命を実現することを売り物にしています。

実は、ベゾス氏は以前から「延命長寿ビジネス」に関心が強く、これまでにも生命科学や細胞研究分野に多額の投資を重ねてきていました。同氏は2021年7月にアマゾンのCEOを退任し、これからは宇宙ビジネスに邁進すると宣言したばかりです。その夢を実現するには「不老不死が欠かせない」ということでしょう。しかも、フェイスブックへの投資で大富豪の仲間入りを果たしたロシア生まれのユリ・ミルナー氏も「アルトス」へ出資しているというではありませんか。

面白くないのはマスク氏です。ただでさえ、宇宙ビジネスの挑戦を受ける立場になったため、得意のツイッターで「あいつはアマゾンの仕事がなくなったので、俺の宇宙船ビジネスに難癖をつけるのがフルタイムかと思っていたが、若返りビジネスでも俺にたてつく気らしい。しかし、不老不死などあり得ない。失敗して、人間が死ぬのがおかしいとか叫んで、死神を訴えるのが精一杯だ」と、ありったけの罵詈雑言を投げかけています。

いずれにせよ、2人とも世間の話題を集めることにかけては天才的です。とにもかくにも、世界1、2の資金力を誇るベゾス氏が仲間の大富豪を集めて進める「不老不死ビジネス」であれば、マスク氏が批判したがる気持ちも分からないでもありません。

しかも、「アルトス」は地元のシリコンバレー、MITのお膝元のケンブリッジ、そして何と日本の計3カ所に開発拠点を置くと発表しました。なぜ、日本なのでしょうか？　世界一の長寿を誇る日本人のDNAを取り込むという戦略でしょうか？　その疑問は本書をお読み下されば、氷解するはずです。

また、長年にわたり世界1の座を占め、今でも世界第3位の地位にあるビル・ゲイツ氏は2021年に長年連れ添ったメリンダ夫人と離婚しました。その財産分与が大きな話題になりました。しかし、ほとんどニュースにはなりませんでしたが、彼は2019年9月、ニューヨークで「イベント201」と題する国際会議を主催していました。注目すべきは、その狙いが新型コロナウイルスのもたらすパンデミックのシミュレーションだったことです。

実際、その後、中国から新型コロナウイルスが現実世界に広がったのですが、その3カ月前に感染症の爆発を予測し、「ワクチン接種ビジネスで大儲けできる」と語っていたのです。今、日本が緊急輸入を続けているファイザーやモデルナのワクチンなど、こうした巨大ワクチンメーカーの最大の出資者にして最大の株主はゲイツ氏に他なりません。

世界中が欲しがるワクチンであり、いくらでも高値で売れるというわけです。そうした言動を知ると、「コロナは仕掛けられたものではないか」と疑いたくもなるでしょう。そんなゲイツ氏が密かに進めているのが農地の買収に他なりません。2021年1月の時点で、全米19州で25万エーカーの農地を取得済みといいます。今や「アメリカ最大の農地王」とまで呼ばれるほどです。果たして、その狙いは何なのでしょうか?

お忍びでしばしば来日するゲイツ氏は、軽井沢にも大豪邸を所有すると言われていますが、日本の穀物や野菜、果物等の種子（タネ）を買い漁り、ノルウェーの氷で閉ざされたスピッツベルゲン島に「世界最大の種子貯蔵庫」を建設、維持していることは、あまり知られていません。もちろん、彼が収集、保管しているのは日本の種子に限りません。世界中で安全、安心、高品質と評価の高い農作物の種子を大量に買い付けているわけです。

　思い起こすのは、ゲイツ氏がＴＥＤトークでも繰り返した「世界では人口が増え過ぎた。このままではもうじき90億人に達する。食糧不足から対立や戦争も起きかねない。人口を早急に抑制し、少なくとも15％は減らす必要がある」との発言です。ワクチン製造にせよ、種子や農地の買収にせよ、なにやら隠された「リセットボタン」があるとしか思えません。実は、そうした怪しげなゲイツ氏の試みに三下半《みくだりはん》を突き付けたのがメリンダ夫人でした。その真相を解き明かしたのが本書です。

　と同時に、このメリンダ夫人を圧倒する存在感と影響力を持つに至ったのがベゾス氏と離婚し、独自の慈善事業を進めるマッケンジー・スコットさんです。『フォーブス』誌恒例の「世界で最も影響力のある女性１００人」のランキングで２０２１年の第1位に選ばれました。

　マッケンジー曰く「私の元夫は宇宙へ関心を寄せているようですが、私は地上の不公正や不平等を少しでも解消したいと思っています。アマゾンの株の4分の1を財産分与で受け取りましたが、その全てをひも付きでない形で慈善事業に寄付します」。本書では、そんな彼女のユニークな「夫婦道」も他の美魔女の「ドラマチックな成功哲学」と共に紹介しています。
じっくりとお楽しみ頂き、今後の生き方やビジネスの参考にして頂ければ幸いです。

浜田和幸

2022年1月

世界のトップを操る
〝ディープレディ〟たち！

◉目次

内恋愛／ウォーレン・バフェットはメリンダ贔屓／「ノーベル平和賞」に目がくらんで幼児性愛者に急接近した夫に絶望／ビル・ゲイツのきな臭い「裏の顔」とは？／「フェイクニュース」ならぬ「フェイクミート」がのさばる時代に／新薬や治療法開発に新たな投資をするための慈善活動？／「世界から貧困を無くす」という美しいスローガンの裏にあるもの

第六章

「世界一の大富豪イーロン・マスク」を骨抜きにした美女たち …………… 203

「マスクぎらい」のマスク氏の強気発言の数々／ホリエモンも前澤友作氏も三木谷浩史会長もマスク・ファン／狙った標的は諦めず、意表を突いたアプローチで手に入れる／「男女平等、夫婦対等」対「男性優先、白人至上主義」の対立／ローラーコースターのような結婚、離婚劇の連続プレーを演じる／「日本びいき」で「社会主義者」の変わり種／「武士道」に造詣深く「セップク」は「セックス」と表裏の関係と認識？／政治家や研究者を女性同様に口説き落とす／万人が惚れ込む「火星移住計画」／世界の美女たちも、彼からの誘いに「ノー」とは言えない／中国にすり寄るマスクの思惑／次なる「救いの女神」を見出すことができるのか／マスクの母親は〝美魔女〟&〝孟母〟だった

装幀　須川貴弘（ＷＡＣ装幀室）
各章扉写真　時事通信社

第一章

“認知症”疑惑のバイデン大統領をここまで「アゲマン」したジル夫人の蛮勇

大統領になれたのはジル夫人のおかげ

お粗末すぎるバイデンの勘違い発言

２０２１年11月20日に79歳の誕生日を迎えたアメリカ史上最高齢のジョー・バイデン大統領ですが、選挙中の遊説でも、その後の演説や記者会見でも、言い間違えや勘違い発言が相次いでいます。最も衝撃だったのは、大統領候補同士のテレビ討論会で、対戦相手のトランプ氏の名前が思い出せず、「ジョージ……」と言い淀んでしまったことがありました。恐らく「ジョージ・ブッシュ元大統領」と言いそうになったのでしょうか。

とにかく、目の前にいる人の名前や訪問している場所の地名をよく言い間違えます。それくらいなら、「誰にでも時々あることさ」と笑って済ませることもできるでしょうが、国益に直結する政策の根幹に係わることでも平気で従来の公的立場とは異なる解釈を繰り出すこともあります。周りのスタッフも冷や冷やの連続でしょう。

例えば、最近の事例では「アフガニスタンからの米軍撤退」や「台湾問題を巡る米中対立」に関する発言が物議を醸しました。20年間に及ぶアメリカ軍によるアフガニスタン支配に終止符を打つに当たって、バイデン大統領は次々に失言を重ねたものです。

その最たるものは「アフガニスタンからアルカイダは消え去った」というもの。これには国防総省はすぐさま訂正のコメントを発表せざるを得ませんでした。曰く「アメリカ本土に深刻な脅威をもたらすようなアルカイダの存在は認められない」。大統領のメンツを傷つけないように、その発言を修正せねばならず、綱渡り状態が続いています。

その後、バイデン大統領はABC放送の取材に応じて、次のように軌道修正をしました。「今後1年半から2年の後にアルカイダはアフガニスタンに舞い戻ってくるとの観測もあったが、その時期はもっと早くなるかも知れない」。

そもそも、アメリカの中央軍司令官のマッケンジー将軍はバイデン大統領に「アフガニスタンには米兵を2500人は残すべき」との進言を行っていたのですが、バイデン大統領は「軍の指導部の意見も聞いた上で、全面撤退を決断した」と説明しており、軍部との意見の違いが埋まっていなかったことは明白です。バイデン大統領の思いが先行した結果でもあり、残念ながら、その後のアフガン情勢は混乱の極みとなってしまいました。

また、バイデン大統領はアフガニスタン在住のアメリカ人の国外脱出についても、次のような発言をしました。曰く「アメリカ人がカブールの空港に移動する際に、これといった困難に直面していることはない」。

これには多くの政府関係者もメディア関係者も唖然としました。オースティン国防長官は米議会への説明に際して、「空港に向かうアメリカ人がタリバンによって行方を阻まれたり、危害を加えられたとの報告を受けている。由々しい事態で、看過できない」と怒りを露わにしていたからです。

更には、アメリカ政府がタリバンとの間で米軍の撤退に関する交渉を行っていた場所はカタールの首都ドーハでしたが、バイデン大統領は「ダーホ」「ダーホ」と平気で誤って呼んでいました。

但し、これにはカンペを準備したホワイトハウスのスタッフに問題があったようです。「Doha」のスペルを間違えて「Daho」と書いたカンペを見せていたのですから。とはいえ、カタールの首都ドーハはアメリカ政府とタリバンがアフガンからの米軍の撤退に関する交渉を進めていた重要な場所です。スタッフの不注意によるものですが、「外交のプロ」を自任するバイデン大統領とすれば、アフガニスタン問題を協議する重要な会議の場を言い間違えるのは余りにお粗末としか言いようがありません。

アフガニスタンがらみで最も驚かされたバイデン発言は自らの息子に関するものでした。前妻との間に生まれた息子ビュー・バイデンは米軍のイラク戦争に陸軍兵として従軍した後、地元デラウェア州で司法長官を務め、次なる政治家の道を目指して歩んでいたのですが、46歳の若さで脳腫瘍が原因で亡くなっています。

その息子のことを引き合いに出したバイデン大統領は「息子は海軍に所属しており、アフガニスタンで任務に就いていた」と、事実と全く異なる発言をしたのです。これにはいくら認知症の傾向があると言われているものの、多くの人々が「大丈夫か」と不安に思ったに違いありません。しかも、バイデン大統領は孫娘のことを紹介する時に「これが息子のビューです」といって居並ぶ人々を驚かせたりもしました。

加えて、「台湾海峡問題」についても関係者を心配させる発言が相次ぎました。2021年に入ると、中国軍機が連日のように台湾の航空識別圏を侵犯する事態が発生していますが、バイデン大統領は「台湾を守るために軍事的な介入を厭わない」との発言を繰り出し、中国側の猛反発を招いています。

というのも、アメリカ政府の公式の立場はあくまで「ひとつの中国」であり、「台湾も中国の一部」という認識でなければならないからです。そのことは「台湾関係法」に明記してあります。そのため、ホワイトハウスも国務省もバイデン発言の火消しにてんやわんやになりました。

ホワイトハウスではバイデン大統領の失言癖を懸念し、記者とのやり取りの回数を極力減らすようにしています。頭の回転がまだ十分とは思えない午前中の早い時間帯での会見や取材は「一切なし」です。大統領就任式から100日の間にバイデン大統領が記者との1対1の取材に応じた回数は10回でした。同じ期間に前任者のトランプ大統領は57回で、オバマ大統領に至っては131回もの取材をこなしていたわけで、バイデン大統領のメディア対応がいかに少ないかが歴然です。

2024年の大統領選挙は「老老（バイデン・トランプ）対決」か？

バイデン大統領による言い間違えや失言が相次いでいるため、トランプ前大統領はここぞとばかりにバイデン批判を繰り返しています。最近も『ニューヨーク・タイムズ』紙の看板記者マイケル・ウルフ氏をフロリダ州の豪華な自宅兼会員制クラブ「マール・ア・ラゴ」に招き、思いのたけをぶちまけました。

ウルフ氏といえば、これまでトランプ氏の大統領時代の悪行三昧を暴露した2冊のベストセラーの著者として知られています。普通なら、自分に批判的な記者をわざわざ招くようなことはありません。しかし、トランプ氏は普通ではありえないことを平気でやってしまうのが持ち味です。「あの記者は気に入らないが、見どころがある」と判断し、フロリダに招き、6時間にわたってインタビューに応じているのです。

そのさわりの部分が明らかになりました。最も衝撃だったのは、次の発言です。

「おんぼろバイデンはアルツハイマー病を患っている。そのため任期中に死亡するはずだ。間違いないな。そのため、2024年の大統領選挙では俺とカマラ・ハリスとの戦いになるだろう。俺が圧勝するね。これでホワイトハウスの奪還劇が完了するってわけだ」

とてもまともな政治家の発言とは思えませんが、そこまで言うのがトランプ流というわけです。しかし、トランプ砲の餌食になるような思い違い発言を繰り返しているバイデン大統領にも責任がないとは言えません。いずれにせよ、79歳になるバイデン大統領と74歳のトランプ前大統領の「老老対決」は過熱する一方です。

言うまでもなく、トランプ前大統領にとっては「攻撃材料満載のバイデン大統領」に他なりません。実は、政治家として、上院議員を長年務め、副大統領としても2期8年務めた後に3度目の挑戦で大統領の座を射止めたのがジョー・バイデンです。その間、脳の動脈瘤と心臓病の手術を2回受けています。胆のうの摘出手術もありました。骨折もしょっちゅうで、「あしたのジョー」ではありませんが〝傷だらけの勝利〟と言ってもいいくらいです。

記憶が飛んだり、あやふやになるのは年齢的にもよくあることでしょう。そのため、ホワイトハウスの元主治医のジャクソン医師は「国家の最高指導者として相応しくない」と断言しているほどです。また、オバマ元大統領の主治医を務めたシェイナー医師も「バイデン大統領は決して健康体とはいえません。心臓病が悪化し、発作に襲われることが懸念されます」と危惧の念を明らかにしています。トランプ前大統領がバイデン氏を攻撃するのももっともなのかも知れません。

しかし、バイデン氏の主治医であるケビン・オコナー医師によれば、「健康で活力もあり、大統領職を全うする上では問題はありません」と太鼓判を押しています。とはいえ、この発言は2019年12月以前の健康診断に基いているため、最近の言動を見る限り、だいぶ怪しくなってきていると思わざるを得ません。

ただ、バイデン大統領は自らの健康状態にはそれなりに理解を深めているようで、しばしば冗談のように「自分はgaffe machine（ヘマ製造機）なのさ」と茶化しています。何しろ、大統領に当選した際にも、自分が大統領になったことを忘れたかのように、隣にいるハリス副大統領のことを「大統領のカマラ・ハリスです」と紹介していました。ハリス女史のビックリ顔が忘れられません。

2021年11月、英国のグラスゴーで開催された、気候変動問題を話し合うCOP26の場でも、居眠りするバイデン大統領でした。さすがに世界のメディアが注視する中での居眠りはまずかろうということで、秘書官に起こされたわけです。しかし、その後に開かれた歓迎レセプションでバイデン大統領は別の意味で世界を驚かせました。

何かと言えば、英国のコーンウォール侯爵夫人と立ち話をしている最中に、周りに響き渡るような大きく長いオナラを発したのです。79歳の誕生日を間近に控え、「これは78歳最後のオナラだ」というほど威勢の良いものだったらしく、英国中で大きな話題となりました。チャールズ皇太子はもちろん、その後妻であるカミラ夫人もジョンソン首相もビックリしたといいます。もちろん、バイデン大統領本人は一向に気にしていなかったようです。

ジル夫人に操られ、彼女の手の上で踊らされるバイデン

いずれにせよ、話題にこと欠かない、アメリカ史上最高齢のバイデン大統領です。そんなユニークな大統領をここまで押し上げたのは「lifting-up wife（あげまん女房）」ともあだ名されるジル夫人の力量に負うところが圧倒的に大きいことは衆目の一致するところでしょう。「ぼんやり」と「支離滅裂」が枕詞になるようなバイデン大統領に「生気」を注入し、「まとも」に見えるように演出しているのがジルなのです。

もともと、オバマ大統領と組んでの副大統領を2期8年務め上げたバイデン氏は引退を考えていたようです。しかし、ジル夫人はもっと先を視野に入れていました。後で紹介しますが、彼女はマラソンを得意とする長距離ランナーに他なりません。そのため、彼女の入れ知恵で、バイデンの人生は大きく変わることになったのです。

「トランプを再選させてはダメです。アメリカの民主主義が壊れてしまいます。トランプの下でアメリカの分断は取り返しのつかないところに陥ってしまいました。これを正すの

はジョー、あなたしかいません」と、バイデンを説得し、大統領の座を目指す3度目の挑戦をけしかけたのはジル夫人だったのです。

ジョー・バイデンは好戦的な性格を秘めるジルの手の上で踊らされていたと言っても過言ではありません。40年以上、政治家のバイデンと苦楽を共にしてきたジルは、いかにすれば夫を大統領に押し上げ、教育者として描いてきた理想のアメリカを実現することができるのか、心の中でバイデン大統領実現に向けての未来図を描いていたのです。

ジルは170万人の会員を擁する全米教職員組合の一員として、「教育こそアメリカ再生の切り札。にもかかわらず、教員の社会的地位や給与面での待遇が悪すぎる。これを改善することが最大の使命」との思いを巡らせてきました。コミュニティ・カレッジの授業料無償化や貧しい家庭の子供向けには4年制の公立大学の授業料も免除することなどは彼女の長年の主張に他なりません。ジルの信念は「最善の政策は政治家からは生まれません。それは私たちのような教育者から生まれるものです」というものです。

トランプ陣営から繰り出される「認知症のバイデン批判」に対しても、ジル夫人は事あるごとに反論しています。「ジョーは毎日、多くの州知事と電話会議をこなしています。ZOOM会議もしょっちゅうです。毎朝9時から夜は11時まで働くこともざらにあります。健康上の問題はまったくありません」。高齢なバイデン大統領に対する不安感が広がっているためか、ジル夫人は「ジョーは静かな大統領なのです。周りの過熱気味な雰囲気を鎮めることに長《た》けています」と援護射撃を欠かしません。

と同時に、ツイッターでバイデン批判を繰り返すトランプ氏に対しては「毎晩何十本もツイートばかりしている人もいますが、ジョーは家庭を大事にする人です」と、大げさな表現で世間を騒がすトランプ氏をやんわりと諫《いさ》めています。

『ワシントンポスト』紙の記者でメラニア・トランプに関する本も出版したメアリー・ジョーダン氏によれば、「皆はあまり気付いていませんが、ジルはバイデンにとってかけがえのない財産です」とのこと。ジョーダン曰く「ジルを抜きにしてジョーが何かを成し遂げることはあり得ません」。時に落ち込みがちなバイデン大統領を笑わせ、元気付ける「応援団長」というわけでしょう。

選挙期間中、バイデン候補に対しては様々な誹謗中傷が投げつけられました。その一つは「バイデンはやたらと女性の身体に触る」というものです。確かにネット上では、バイデンが老若男女問わず、多くの人の身体に触れている映像が流されました。中には、バイデン議員からセクハラを受けたといった告発もあったようです。

こうした批判に対して、ジル夫人は誤解を解くべく反論をしています。「ジョーの周りにはいつも大勢の人々が寄ってきます。ジョーの持つ暖かい性格のなせる技に他なりません。皆さんはジョーと触れることで元気や勇気をもらっているのです。家族の一員としても、そのことを毎日実感しています」。

バイデン氏も「自分は長年議員を務める古いタイプの政治家なので、多くの人と握手をしたり肩を抱き合ったり、ハグするのが習慣になっていました。これからは少し距離を置くように努めます」と気遣いのコメントを発表しました。この連携プレーのお蔭で、その後は「セクハラ批判」は見られなくなりました。

また、トランプ陣営から繰り返し攻撃されたのは、バイデン候補の息子で弁護士でもあるハンターのビジネスでした。要は、「ハンターは父親が副大統領であることをかさに着て、中国やロシア、更にはウクライナといった外国の政商とつるんで暴利をむさぼってきた。ホワイトハウスを商談の場に使っていたようだ。そんな息子の行動を見て見ぬふりをしてきたのがバイデンだ」といった類の批判です。

こうした批判に対して、ジルは黙っていませんでした。ABC放送に生出演し、次のように語ったのです。

「母親として、自分の息子が攻撃される姿は見たくありません。もちろん、そのことで夫が攻撃されたり非難されたりすることも見たくありません。多くのアメリカ国民も私の家族に対する誹謗中傷など見たくないはずです。なぜなら、今、アメリカ人は感染症という未曾有の敵と戦っている最中ですから」

具体的な証拠を出しての反論ではありませんが、息子や夫を信じる母親としての思いを込めて語る姿に多くの国民は頷き、納得しました。まさに「ジルあってのジョー」といった感じです。

副大統領夫人として「セカンド・レディ」役を2期8年務めたジルはオバマ大統領を支えて持ち上げたミッシェル夫人の言動から多くの教訓を学び取ったに違いありません。黒人初の大統領となったオバマ氏もミッシェル夫人と二人三脚で選挙戦を勝ち抜き、ホワイトハウスに新風を吹き込んだものです。

そのミッシェル夫人とジル夫人はとても相性が良く、バイデンの長男が脳腫瘍で余命いくばくもないことを告白した唯一の相手はオバマ夫妻だったといいます。2015年に46歳だった息子は亡くなるのですが、ジルは「悲しみに打ちひしがれた」と述べ、「神を信じる気持ちが薄れた」とも告白。大きな痛手となったようです。

バイデン氏も「息子を失った悲しみが癒えていない」ことを理由に2016年の大統領選挙への出馬を辞退しました。しかし、ジルの方は「最高の大統領になれたはずなのに。出馬を断念したのは残念です」と述べ、亡くなった息子の弔い合戦に挑んでほしかったと、強い不満を述べています。やはり、ジルの方が精神的には戦闘的なのでしょう。

夫人はベストセラー作家

ジルの逞しさは、亡くなった息子ビューへの思いを子供用の絵本に昇華させたことからも読み取ることができます。『Don't Forget, God Bless Our Troops』と題する絵本ですが、ビューがイラクに派兵されていた時に、父親のことを案じるジルの孫娘ナタリーのことを下敷きにして描かれています。軍人とその家族を取り巻く愛国心を鼓舞する内容です。実は、ジルは『Where the Light Enters : Building a Family, Discovering Myself』など何冊もベストセラーを世に問うてきた作家でもあるのです。

その後、オバマ大統領と正副大統領コンビを組むことになったバイデン氏ですが、2人の夫人は「ファースト・レディとセカンド・レディ」としてタッグを組んで、軍人家族への支援やガンの早期発見、治療の促進など様々な活動を展開しました。ジル夫人の場合には、2010年8月、アメリカの軍人とその家族への関心を高めてもらうことを目指して、テレビドラマ『アーミー・ワイフ』に自分自身の役で出演もしています。俳優としての素質もあるようです。

注目すべきは、必死で神への祈りを捧げたにもかかわらず、息子の命をつなぎ留めることができなかったため、神への信頼を失ってしまい、教会へも足を運ばなくなったジルでしたが、以前通っていた教会の牧師夫妻の励ましを受け、4年近く遠のいていた週末の教会への礼拝を再開したことです。

息子を失った悲しみを克服するには、「1人で悲しみを引きずっていても叶わないことを悟った」とのこと。親しい友と共に祈ることで希望を取り戻すことになったわけです。それ以来、ワシントンかデラウェアの教会を週末には必ず訪れています。信仰心を取り戻すことができ、以前にも増して、精神的な強靭さを身に着けたに違いありません。その牧師さん夫妻とは今でもメールのやり取りも欠かさないといいます。信仰心のあるなしは、教育と同じで、大きな救いになっているわけです。

ところで、ジル夫人は身に着ける洋服にも独特のこだわりを見せています。「ファッションもパワーの源泉」という発想の持ち主なのです。この点でも、ミッシェル夫人とジルは共通点があります。ジルは2021年、英国で開かれたG20サミットの場でも「LOVE」というメッセージを背中に縫い込んだジャケットで登場しました。

彼女曰く「アメリカから世界に向けての気持ちです」。G20は環境問題など世界的な課題を討議する場なので、そのためには「世界が一体化する心を育むことが必要」と訴えたのです。最高齢で姉御肌のジルの言動には他国のファースト・レディたちも皆、一目置いていました。

実は、ジル夫人は大統領選挙の序盤戦であったアイオワでは「VOTE」というメッセージを縫い込んだジャケットを身に着けていたものです。分断化の進むアメリカに一体感を取り戻そうとの願いを込めて「投票して下さい」いうキャンペーンに使ったのでした。

後ろ姿というか、洋服の背中に縫い込んだメッセージで自分の思いを訴えるというジル夫人らしい戦術でしょう。トランプ前大統領のメラニア夫人は、89頁に後述するように、孤児の施設を訪れる時に羽織っていたバーカーの背中に「I Really Don't Care, Do U?」(私、別に気にしてないわ。あなたは?)という挑発的なメッセージのジャンパーを着こんだことで物議を醸したものですが、それとは対照的なアプローチです。

バイデン再婚の影に「不倫疑惑」あり?

また、そうした背中のメッセージについて記者から尋ねられると、「夫のジョーは今回の英国訪問の準備に何週間も寝食を忘れて取り組んできました。準備のし過ぎと言えるほどです。ジョーは外交のプロですから。彼の得意分野です」と、夫を持ち上げることを忘れません。そうした言動は、あたかも母親のような印象すら与えるほどです。そんなバイデン大統領夫妻ですが、半世紀近くに及ぶ結婚生活の始まりは、ある悲劇がきっかけでした。

現職の議員を破り、初当選を果たしたバイデン上院議員でしたが、同時に最愛の妻ネイリアと1歳の娘ナオミを交通事故で失うという悲劇に見舞われたのです。クリスマスツリーを受け取るために幼い娘と2人の息子ジョーとハンターを乗せて妻が運転していた車がトラックに衝突されました。息子2人は重傷でしたが、からくも命を取り留めました。しかし、妻と娘は帰らぬ人となってしまったのです。

残された2人の息子を育てながら、バイデン議員は毎日、デラウェア州の自宅と首都ワシントンの連邦議会まで鉄道を利用して通っていました。「アムトラック・ジョー」と呼ばれたものです。当時のことを振り返り、バイデン氏は「生き残った2人の息子が生きがいだった」と語っています。交通事故で妻と娘を失ってから3年ほど経った時、バイデン議員はジルと出会いました。

その頃、ジルは同じ大学の先輩でフットボール選手だったビル・スティーブンソンと18歳の時、結婚していました。しかし、5年もたずに別れており、「もう結婚は懲り懲り」と思っていたそうです。たまたまジルと同じ大学に通っていたバイデン氏の弟フランクが仲を取り持ったと言われています。

あまり表沙汰にされていませんが、ジルは分かれた夫との間で財産分与を巡って熾烈な裁判を経験しました。別れた夫によれば、「ジルがバイデンと浮気をしていた」と難癖をつけています。それどころか、「ジルをバイデンに最初に引き合わせたのは自分だった」と周囲に吹聴しているほどです。

というのは、スティーブンソンは政治好きで、バイデン氏が最初の上院議員選挙に出馬した際には、バイデン陣営で選挙応援の手伝いをしていたらしいのです。そしてバイデン候補が3期目を目指していた現職の共和党の上院議員を下し、アメリカ史上最年少の29歳で上院議員となったことを祝うパーティに、スティーブンソンはジルと共に参加したと言っています。

しかも、2人は当時、教師をしていたバイデン夫人のネイリアとも握手をし、言葉を交わしたとのこと。更に驚かされるのは、その後、バイデンの家に招かれ、ジルとスティーブンソンはバイデン夫妻と一緒に料理まで作ったと言うのです。「そんなことをジルが忘れることはありえない」と言い張っています。ダメ押しするかのように、「その後、ジルはバイデンと不倫した」とも主張。スティーブンソンに言わせれば、ジルが不倫したことが原因で自分たちは離婚したというわけです。

しかし、これはスティーブンソンの被害妄想というよりは、全く別の政治的背景が隠されているようにも思われます。なぜなら、その後、スティーブンソンは共和党支持に鞍替えし、熱烈なトランプ信奉者になっているからです。しかも、彼がこうしたジルとバイデンの不倫疑惑を出版したいと言い出したのは、正に「トランプ対バイデン」の大統領選挙が火花を散らし始めていた時と重なっています。トランプ陣営が仕込んだ節も見え隠れしました。

とはいえ、この不倫告発は証拠不十分のまま、うやむやになりました。ただ、若かりし頃のジルは相当に奔放な女性だったようで、様々な逸話が残っており、興味が尽きません。例えば、近所の会員制のスイミングクラブに入会する金銭的余裕がなかったため、深夜になると友達とフェンスを乗り越えて泳ぎまくったといいます。

そして、5人兄弟の一番上の姉であったため、年下の兄弟の面倒をよく見たそうです。妹が近所の男の子にいたずらをされた時には、その子の家に押しかけ、顔面パンチを浴びせています。そのことで、ジルは父親から「兄弟思いだ」と随分、褒められたそうです。後に、バイデン氏が暴漢や反対派のデモ参加者から危害を加えられそうになった時、素早くバイデンの身を守る行動に出たのも、こうした幼い頃からの経験がモノを言ったものと思われます。

バイデンファミリーの「面接試験」に合格して結婚へ？

いずれにせよ、大学を卒業した後、ジルは地元の高校の英語教師という堅実な道を歩み始めたのです。2人の息子を育てながら議員活動を続けていたバイデン氏でしたが、ジルと出会ったことで「生きる希望を手にした」と語っています。バイデン氏にとってジルは正に「救いの女神」と思えたのでしょう。ジルは地元でアルバイトとしてファッションモデルもしており、地元の空港には彼女をモデルに使った大きなポスターが飾ってありました。スタイルの良さや笑顔は彼女の魅力でもあったと思われます。

何しろ、15歳からシーフード・レストランを始め様々なアルバイトを経験してきたジルです。曰く「小さい頃から自分のお金が欲しかったのです。自分が誰かというアイデンティティも欲しかったのだと思います。未来の自分に相応しいキャリアを欲していたのです」。彼女の父親は銀行勤めで、母親は専業主婦という家庭で育ったジルです。決して富裕層の生まれではありません。そのせいか金銭感覚は幼い頃から鋭いようでした。政治家の妻に収まってからも、買い物は極力、地元の顔見知りの店で済ませ、常に値段を気にしていたと言います。また、しばしば店主と値段交渉もしていたとのこと。「駆け引き上手」だったわけでしょう。

とはいえ、ジルのバイデンに対する第一印象は良くなかったようです。というのは、彼女が当時付き合った男性は皆、大学生でTシャツにジーパンというラフな格好をしていたわけですが、バイデンが初めて誘いに来た時の服装は大人びたスポーツコートだったので驚かされ、とっさに彼女の脳裏をよぎったのは「これはないわ！　１００万年経っても一緒になることなんか考えられない」との印象でした。

ところが、バイデンとデートし、バイデンが選んだフランス映画『A Man and a Woman』を見ました。お互い離婚経験者である男女がロマンチックな出会いを経て、一緒になるというストーリーで、何やらバイデンの気持ちを反映しているようです。見終わった後、バイデンはジルの自宅まで送ってきましたが、「お休み」と一言いうと、静かに去っていったそうです。

ジルは家に入ると、既に就寝中だった母親に向かって「ママ、初めて紳士と出会ったわ！」と大声で喜びを伝えたのこと。9歳年上のバイデンの紳士的な態度に新鮮な驚きを感じたわけでしょう。また、彼女がそれまで付き合ってきた男性とは全く違う、未来への可能性を嗅ぎ取ったに違いありません。

とはいえ、バイデン氏からは何度もプロポーズされたようですが、ジルはなかなかイエスと答えなかったそうです。彼女曰く「母親を失った2人の息子たちが、再び母親を失うことがあってはならないと思いました。どうすればそうした悲劇を100％繰り返さないで新たな家庭を築けるか自問し、悩み抜いたものです」。

結果的に5度目のプロポーズでようやく結婚を承諾しました。

ジル曰く「ジョーは殻に閉じこもっていた私を表の世界に引っ張り出してくれました。

逆に私はジョーが地に足を据えるように押さえ込むようにしたものです」。

9歳の年齢差はありましたが、最初の出会いの時から、ジルはバイデンとの対等な関係を求めたことがうかがえる一言です。

実は、内輪の話ですが、バイデンの2人の兄弟、ジミーとフランクは再婚相手として急浮上してきたジルを招き、食事をし、密かに彼女の品定めをしていました。2人の兄弟はジルに向かってこう言ったそうです。

「我が一族の夢はジョーを大統領にすることです。もし、あなたがジョーと結婚することになれば、その夢を叶える大事な役割を演じてもらわねばなりません」

こう切り出されて、ジルは「そんな計画の話は知らなかったわ。私は別に構わないけど、たぶん、夢は夢で終わるわね」と内心では「変わった一族ね」と思ったそうです。もちろん、そんな気持ちを正直に表に出すことはありませんでした。バイデンは妹のバレリーを最も信頼しており、選挙活動でも彼女は選対本部を仕切っていたのです。バイデンの最初の妻ネイリアが交通事故で亡くなると、残された2人の息子の面倒もバレリーが見ていました。

そのため、バイデンの2人の兄弟による品定めが済むと、次は妹のバレリーがジルと顔合わせすることになったのです。ジルはバレリーと出会った瞬間に悟ったと言います。

「ジョーにとってバレリーの存在は欠かせないもののようだわ」「バレリーがイエスと言う

か、ノーと言うかで、ジョーの人生は変わってきていたようね」

そんな思いを抱きながら、ジルとバレリーはツナサンドを食べながら将来の夢を語りあったと言います。結果的に、2人は意気投合することに。それ以来、2人は無二の親友になったわけです。ジルに言わせれば、「私の両親は最初から2人で人生を築いてきました。でも、私の場合は、別の女性が築き始めた家庭を引き継ぐことになったのです」。しかも、夫の一族は「彼をアメリカの大統領にすることが夢だ」と言うのですから。教師としての夢を追いかけようとしていたジルにとっては複雑な思いが巡ったであろうことが推察されます。

当時、ジルは地元の高校やコミュニティ・カレッジで教鞭をとっていました。26歳でバイデンと結婚した後、ジルは娘のアシュレーを出産しました。この娘の名前はバイデンと亡くなった妻との間にできた2人の息子ビューとハンターが選んだと言います。

実は、この2人の息子の母親になった時、ジルは自分のことは「Mom（マム・お母さん）」と呼ばせ、交通事故で亡くなった生みの親のネイリアのことを「Mommy（マミー・おかあちゃん）」と呼ばせることにしました。ネイリアとジルの2人の母親で家族を完成させたいという思いだったようです。ジルらしい思いやりに他なりません。

3人の子供の母親になったわけで、しばらくは子育てに専念するため教師の仕事は休職しました。その後は、上院議員夫人、そして副大統領夫人になり、ついには大統領夫人になってからも、正規の教職の仕事を続けています。ファースト・レディの仕事は無償ですが、大学教授職は給与を得ながらの仕事です。そうした給与を受け取る仕事を継続しているセカンド・レディ、そしてファースト・レディは彼女がアメリカ史上初となります。

ジル夫人はバイデン氏の「指導教官」&「ボディガード」

ジルは「ファースト・レディの歴史を変えている」と言っても過言ではありません。バイデン氏と結婚した後も、教職と研究を続け、2つの修士号と教育に関する博士号も修得しました。並大抵の努力でできることではありません。彼女の博士論文は「コミュニティ・カレッジの学生を中途退学から防ぐ方法：学生のニーズにいかに適合するか」でした。アメリカではコミュニティ・カレッジのような成人教育の現場においては3人に1人が途中退学するという問題が起きているからです。

ジルに言わせれば、「私は妻だけの役割には満足できないのです」。教えることに生きがいを感じていることは間違いありません。彼女は「Mrs. Biden（バイデン夫人）と呼ばれることが大嫌いでした」と語っています。「それって夫のジョーのお母さんの名前でしょう。私の名前じゃありませんから」。

そのせいか、彼女が教えているコミュニティ・カレッジでは「Dr. B」という呼び名で知られています。教育者であることが彼女に強く自信を持たせることに繋がっているようです。周囲から常に見られるという環境にも上手く適応しています。

ジルは学生たちには副大統領夫人や大統領夫人であることは一切公言しませんでした。副大統領夫人や大統領夫人であるため、警備のシークレット・サービスが同行するのですが、ジル夫人の要請で、彼らは皆、学生風の洋服に着替えて、周囲に悟られないように警備の任務に就いているようです。

また、孫たちに言わせると、「うちのおばあちゃんは普通じゃないの。いたずらが大好きです。散歩の途中で死んだヘビを見つけると、持って帰ってきて、皆を驚かすのよ」。ファースト・レディの役目も大学教師としての仕事も、そして家族との団らんも楽しみながら続けていることは誰の目にも明らかです。ある時には、副大統領の専用機「エアフォース・ツー」の荷物入れに隠れて、自分を探す夫を驚かせたとの逸話も残っています。

バイデン大統領は「女性が結婚後も仕事を続けるのは大事なこと」と、事あるごとにアピールしてきました。働くジル夫人の姿を間近に見ていることが大きく影響していると思われます。ジル夫人は英語と教育学が専門で、正に「教育のプロ」なのです。バイデン大統領の演説や立ち居振る舞いにもアドバイスを欠かしません。その意味ではジル夫人はバイデン氏の「指導教官」とも言えそうです。

彼女曰く「地域に根差したコミュニティ・カレッジはアメリカの秘密兵器のようなもの。職業訓練にも有益で、雇用確保にもつながるはずです」。ホワイトハウス主催のコミュニティ・カレッジ研究会をお膳立てもしてきました。バイデン大統領もそのことを高く評価しています。教育者を自任するジルは「教育庁長官には公立学校で教師を務めた経験を持つ人材を当てなくては意味がありません」と強く訴えてきました。

バイデン大統領は全米教職員組合に向けて「アメリカ中の教職員の皆さん、ホワイトハウスには皆さんの代表が詰めています。ご安心下さい」と、ジル夫人の存在を強く意識したメッセージを送っています。また、オバマ元大統領のミッシェル夫人と協力して、軍人家族への支援組織「Joining Forces」を立ち上げ、各地の活動にバイデン大統領の名代として参加しているのです。

夫の選挙期間中は可能な限り遊説に同行していましたが、その移動中には学生の答案の採点をすることもしばしばでした。また、大学での教授会が終わると、ホワイトハウスでのステート・ディナーに出席することもあるのですが、その夜、学生のペーパーへの採点を終えて、翌日に学生の元へ返すのが普通だったと言います。ミッシェル・オバマ夫人によれば「ジルはいつも学生の提出したペーパーに手を入れていた」とのこと。

ジルにとっては教職が性に合っていることは誰もが認めているところです。なお、彼女の採点はとても厳しかったようですが、学生への励ましの言葉が常に添えられていました。学生に対するのと同じように、夫に向き合う時にも厳しいものがあったと思われます。

と同時に、史上最高齢の大統領を守るため、地方遊説の際には常に演台の傍に控えています。選挙期間中には反対派がステージに押しかけてくることもあったようですが、彼女が矢面に立ち、暴漢らを押し返したという武勇伝の持ち主でもあります。しかも、そうして身をもって夫を暴漢から守ったことは1度だけではありません。

2020年の2月はニュージャージー州で、そして3月にはロサンゼルスで暴漢と夫の間に入り、夫を救ったのです。演台に向かって携帯電話で自撮りをしながら叫び声をあげて、バイデン氏に駆け寄ってきた男が現れた時には、警備員より先に椅子から飛び上がり、その男の行く手を阻んだのがジルでした。まさに「命の恩人」に他なりません。ジル曰く「愛する人を全身で守るのは当然でしょう」。運動神経抜群のようですが、夫を想う気持ちには更に比類ないパワーが感じられます。

国民とメディアを巧みに印象操作するジル夫人

ジルは自身の健康管理にも気を使い、週に5回はジョギングに励んでいます。とにかく、走ることが大好きなのです。マラソン大会にも何度も参加してきました。セカンド（&ファースト）・レディの時代にはシークレット・サービスが警護のために伴走してくれるのですが、「前後に誰も走っていない状況を想像しながら走った」と語っています。

それだけ走ることに情熱を傾けているわけです。ジルにとっては人生そのものがマラソンなのでしょう。短距離で結果を出すのではなく、長距離で「最後に笑う」姿を思い描いているに違いありません。

2004年の大統領選に出馬を模索していたバイデン氏を「時期尚早」と諫めるため、お腹に「NO」と記したビキニ姿で関係者の前に登場し、身体を張って夫のために奮闘したこともありました。当時はバイデン本人も周囲も「打って出るべきだ」と考えていたようです。

しかし、ジルは「まだその時ではない」と、独自の嗅覚で世論の動きを読み、その判断をアピールするため、奇抜な方法で出馬を思いとどまらせることに成功しました。世の中の動きを感じ取る感覚はバイデン以上かも知れません。

人との接し方もきめ細かさが目立ちます。ホワイトハウスのスタッフにも気軽に声をかけています。誰にでも挨拶を欠かさないのはジルの人心掌握の極意と思われ、バイデン大統領よりはるかに人気者であることは間違いなさそうです。会食を共にした人には必ず自筆でお礼状をしたためるのも彼女の習慣となっています。

ジルとバイデンは毎晩、様々な政策課題についても話し合う関係と言われており、バイデン大統領にとっては「最も身近な相談役」でもあり、「教師役」であることは間違いないでしょう。先の大統領選挙で副大統領候補にカマラ・ハリス女史を選ぶように面接した上で進言したのもジル夫人でした。

トランプ前大統領は妬み半分からか、「ジョーはジルと親し過ぎる。ジルはジョーの主治医を43年も務めているようなもんだ。国家機密が漏れている可能性もあるので、あの2人のメールを調査すべきだろう」とまで異様なほどの反発ぶりを見せていました。

実は、2020年のトランプ対バイデンの大統領選挙の勝敗のカギを握ったのはメラニア対ジルによる「ワイフ対決」でした。トランプ前大統領のメラニア夫人は2016年の選挙の時にはそれなりに応援演説に加わり、有権者に訴える機会があり、場所によってはトランプ候補より人気があったのです。

しかし、夫が再選を目指して出馬した前回の選挙では、ほとんど姿を見せませんでした。姿を見せれば、トランプに懐疑的な有権者にもアピールできたことは明らかでしたが、メラニア夫人は敢えてそうしなかったのです。

対照的にバイデン夫人のジルは夫以上に全米各地を飛び回りました。特に、共和党支持者が多い地域を積極的に遊説したのです。その効果は抜群でした。何しろ、「バイデンを大統領に」というより、「ジル・バイデンをファースト・レディに」という運動が巻き起こったからです。ネット上でも「ジル・バイデンの夫に投票しよう」というキャンペーンも広がったほどでした。

候補者が政策を訴えるよりも、候補者の人柄やこれまでの歩みを語れる夫人の役割が投票結果を大きく左右することは、過去のデータからも立証されています。メディアの報道からはうかがい知れないような、夫の日常生活や家族、地域への愛着ぶりを語ってくれるジルの存在は「秘密兵器」と言っても過言ではありませんでした。

当然のことですが、副大統領候補のカマラ・ハリスよりも、ジル夫人の人気が高かったことは衆目の一致するところです。同様に2015年に行われた調査では、党派に関係なく、「トランプ候補より、メラニア夫人の演説によって投票行動が左右された」という結果が出ていました。トランプ氏は「自分ファースト」ですから、自分の魅力で多くの有権者が自分に投票してくれたと思っているようです。

実は、必ずしもそうではないわけで、そのことを無視してメラニア夫人をあまり活用しなかったことが、前回の敗北の大きな原因だったと言えます。2016年と比べて、2020年の選挙ではメラニア夫人の出番は極端に減っていました。これこそ、トランプ氏は認めたがらないようですが、トランプ敗北の一大要因に他なりません。

一方、ジル夫人が全米を遊説したことで、無党派層の女性たちの票が一気にバイデンに流れたと分析されています。グッチやエルメスを愛用するメラニア夫人の高価なブランドで身を固めたいで立ちと、ジル夫人の身に着けた普通のアメリカ人が愛用する衣装とは大違いでしたが、一般の有権者の間ではジル夫人に親しみを感じることになったことは歴然としていました。「自分たちと同じ感性の持ち主」と思わせるジル夫人の作戦が功を奏した結果でしょう。ジルの思いは明白で、有名でなくともアメリカのデザイナーの商品から気に入ったものを選ぶというもの。

更なる違いは、トランプ大統領に対してメラニア夫人は手をつなぐことを拒絶するような冷たい態度を見せることが時折あったのですが、バイデン夫妻は常に手をつないで、親密な関係を醸し出していました。もちろん、高齢の夫の身を案じてのことでもあるのでしょうが。

バイデン候補が記者との距離が近くなり過ぎだと判断するや、すかさず「感染症予防のため、距離を置いて下さい」と夫と記者とを切り離す配慮を見せました。「夫を気遣う」妻のイメージは、夫を尻目に1人でさっさと車や飛行機に乗り込むメラニア夫人とは対照的なものです。女性の有権者がどちらに軍配を上げたかは歴然としていました。

傑作だったのは、選挙期間中に、ジルは自分の得意料理である「チキン・パルメザン」のレシピや調理している姿をネットで公開したことです。これは女性有権者を引き付けるのに貢献したと思われます。彼女を身近に感じさせることができたからです。こうした選挙戦術も長年教師として学生を相手に勉強に対して興味を抱かせる工夫を重ねてきた経験がモノを言ったに違いありません。

更に印象的だったのは、「チキン・パルメザン」のビデオの中で、次のように語っていたことです。

「この料理は祖母から学んだものです。今は私が孫たちにも料理しています。でも、このところのパンデミックのせいで、皆が集まって食事する機会が減ってしまいました。1日も早く、コロナを過去の物語にしたいものです。そのためにもジョーは日夜、皆さんのために戦っています」

こうしたさりげないメッセージを通じて、バイデン大統領を支えるのがジル流のメディア操縦術なのです。

ジルは2021年6月3日、70歳の誕生日を迎えました。その日、バイデン大統領夫妻はホワイトハウスを離れ、デラウェア州で手に入れたビーチハウスで、2人だけの誕生日のお祝いをしたそうです。2人で自転車に乗り、海岸べりをサイクリング。もちろん、シークレット・サービスも少し離れて同じく自転車に乗って警備はしていました。すれ違う人々は皆、ジルに向かって声をかけました。「ハッピー・バースデー！」と。地元の人々にもとても好かれていることがうかがえます。そして、このビーチハウスには2枚の表札が掲げてありました。1枚目には「ビューからの贈り物」。亡くなった息子がいつも一緒にいて欲しいとの願いが込められているようです。2枚目には「ジルは永遠に」。これはバイデンがジルに宛てたものでしょう。

ジルのお気に入りのビーチハウスです。「ここに来ると生まれ変わったような気になるの。海と家がそばなので、水着のまま、行き来ができて、とても心地よく、リラックスできるわ」。このビーチハウスは2017年に270万ドルで購入したそうです。その費用はバイデン夫妻が執筆する回想録の前払いの原稿料で賄ったとのこと。この1点を取っても、ジル夫人の才覚が際立っているように見えます。

次のゴールは「史上最高齢の2期目の大統領」の実現

ジル夫人が元気でいる限り、バイデン大統領は安心できそうです。ひょっとすると、史上最高齢の大統領として2期目もあり得るかも知れません。ジルはその可能性も視野に入れながら、信頼できる強力なスタッフを集め、「チーム・ジル」を立ち上げているほどですから。

ところで、ジルは2021年7月、単身で東京に飛来しました。東京オリンピックにてアメリカ・チームを激励するためです。ファースト・レディになってから海外に1人で出かけるのは、これが初めてでした。しかも、彼女の日本行きには懸念する声や反対する意見も多くある中での決断です。というのは、日本では新型コロナの感染が急拡大していたからでしょう。

何しろ、東京オリンピックの招致を決めた安倍元総理ですら開会式には出席しないと決めていたほどですから。アメリカのメディアでは「オリンピックの大スポンサーのトヨタも開会式には参加しない。コロナ禍で日本国民の多くが賛成していないイベントに、バイデン夫人が参加するのは危ないのでは」といった論調が多く見られました。

しかし、ジル夫人はそんな懐疑的な声を一刀両断で封じ込めたのです。

「アメリカのアスリートたちの晴れの舞台を応援しないでどうするのですか。彼ら、彼女らの親も友人もパンデミックのために日本には行けません。私には親代わりの責任と使命があります。ワクチンも接種しています。日本政府やオリンピック委員会の感染予防対策を信じています」

彼女の言動はアメリカの代表チームを励ましただけではなく、アメリカ・チームが最多のメダルを獲得する追い風にもなったに違いありません。そうしたジルの教育者兼スポーツウーマンとしての力量は２０２４年のバイデン大統領の再選の行方にも大きく影響するでしょう。

長距離ランナーを標ぼうし、体力作りにも力を注ぐジル夫人です。バイデン一族の「アメリカ大統領実現」という夢を叶えたわけですから、次のゴールが「史上最高齢の２期目の大統領」であったとしても不思議ではありません。なぜなら、「国家百年の計は教育にあり」は日本の専売特許ではなく、ジル夫人の長年の夢だからです。その夢はまだ道半ばと思われます。夫を励まし、その夢を実現するまで伴走しようとするのがジルなのです。

第二章

悪女メラニアの魔法でトランプ前大統領は2024年に復活する?

ホワイトハウスでまた逢いましょう?

「正体不明の謎の美女」の正体とは？

メラニア・トランプ夫人は共産圏（スロベニア・旧ユーゴスラビア）で生まれ育ったアメリカ初のファースト・レディでした。アメリカ生まれではないファースト・レディには、六代目大統領のジョン・クインシー・アダムズ大統領夫人のルイーザがいましたが、彼女はイギリス生まれです。そのため、非英語圏出身としてはメラニア夫人がアメリカのファースト・レディの歴史を塗り替えたことになります。

従来のファースト・レディとは一線を画し、選挙戦や公式行事にもあまり顔を出さず、発言も控え目であったため、「正体不明の謎の女」とさえも言われ続けました。とはいえ、実際のメラニアは頭脳明晰で、後ほど紹介するように、トランプ大統領に対しても率直な意見やアドバイスを繰り出していたことが確認されています。

トランプ氏自身も「彼女の言うことには大いに耳を傾けざるを得ない」と側近には伝えていたほどです。しかし、彼女の慎重な性格のせいでしょうが、人前では極端に無口になるため、誤解を受けることもしばしばでした。

実は、メラニアはドイツ語も理解します。2017年、ドイツのハンブルグで開かれたG20サミットの場では、メラニア夫人はロシアのプーチン大統領とドイツ語で会話していました。旧東ドイツにてKGBの要員として諜報活動に携わっていたロシアのプーチン大統領もドイツ語は達者ですから。とはいえ、ドイツ語ができるというようなことは一切口にしないのがメラニアです。

しかし、ファースト・レディになった後の数少ないインタビューの中で、メラニア夫人は次のように語っています。

「私は第一に母です。また妻でもあります。両親を想う娘で、姉を大切にする妹でもあります。数は限られていますが、友達でもあります。そして何と言っても合衆国のファースト・レディです。言われなくても、周りには気を使います。アメリカを愛する情熱も半端ではありません。そして強い性格です。独立心の塊と言っても過言ではないでしょう。加えて、細部にこだわる性格でもあります。何より、自分の気持ちに忠実に従って生きています」

日頃の口数は少ないメラニアですが、この発言からは内に秘めた強烈な意思を感じさせます。また、別の取材に対しては、こうも心情を明らかにしています。

「私の人生はとても普通なものです。多くの人はそう思ってくれていないようですが。私は夫のことをよく分かっています。私たちの関係は他とは違うのです。なぜって、2人ともとても極端と言っていいほど独立心が強いからです。そのことを分かった上で、お互いの役割をよく理解しています」

　続けて、こうも言っていました。

「夫とはいつも一緒にいる必要はありません。2人とも自分の持ち場で自分の情熱を思うままに発散すれば良いのです。朝食か夕食の時に、そうした思いや出来事を話し合えば素晴らしいと思います。私の好きな言葉を知っていますか。それは〝本気で仕事をし、もっと本気で遊べ〟です。私たちは、それを日々、実践しています」

　メラニア夫人の人並み外れた自信と自己愛が伝わってきます。

　トランプ氏が大統領選挙に出馬し、全米を遊説して回っている時でも、メラニア夫人は堂々と次のように本心を述べていました。

「選挙のためにあちこちを回るようなことはしません。夫のことは100%支えています。でも私には9歳の息子を育てるという大事な仕事がありますから。この時期の子供には母親が傍にいることが欠かせないはずです。私にはナニー（住み込みベビーシッター）はいません。子育ては全て私が1人で担っています」

「他人は他人。自分は自分」で何が悪い！

興味深いことに、2021年に公表された「歴代ファースト・レディ人気調査」によれば、第1位は断トツでジャクリーン・ケネディでしたが、メラニアの場合はビリから2番目という不人気ぶりです。彼女の隠遁生活ぶりからすれば、当然かも知れません。「アメリカ史上、最も表に出たがらないファースト・レディ」でしたから。

ちなみに、人気度第2位はミッシェル・オバマで、第3位はナンシー・レーガンでした。そして最下位はパット・ニクソンで、その上がメラニア・トランプで、ビリから3番がヒラリー・クリントンという順です。実は、トランプ前大統領も世論調査における不人気度は半端ありませんでした。何しろ退任時の支持率は34％でしたから、その点では夫唱婦随と言えそうです。

トランプ前大統領の娘イバンカがメラニア夫人に付けたあだ名は「ポートレート」でした。要は、「飾り物」という意味でしょう。公式の場でもほとんど発言をしないメラニア夫人を揶揄したわけです。

何しろ、先妻の間にできた娘のイバンカとメラニア夫人は相性が悪く、お互いを認めない女性同士のいがみ合い的な雰囲気が漂っています。イバンカがメラニアのことを「ポートレート」と呼ぶと、メラニアはイバンカやその夫クシュナーのことを「インターン」（見習い）と呼んでいたそうです。

とはいえ、それはまだ可愛い方で、ファースト・レディの広報担当官だったステファニー・グリシャムの暴露本『I'll Take Your Questions Now』(今なら質問に答えます)によれば、メラニアはイバンカやその兄弟のことを「snakes(ヘビ集団)」という隠語で呼んでいたといいます。公の場であっても、メラニアのイバンカに対する冷たい、突き放したような視線や態度はメディアの格好の餌食になったものです。

実は、2021年5月、アメリカのワシントンにある「ナショナル・ポートレート・ギャラリー」で新しい展示品が公開されました。このギャラリーは歴代の大統領とファースト・レディの肖像画や関連した記念品を展示しています。ここにトランプ大統領夫妻の肖像画とポートレート写真が飾られ、一般公開されたのです。大きな関心と注目を集めたのがメラニア夫人のポートレートでした。

というのは彼女の左手の薬指には結婚10周年にトランプから贈られた300万ドル(約3億3000万円)のダイヤの指輪が輝いていたからです。マスコミからは「コロナ禍で経済的な苦境に陥っている人々が多くいるなか、高価なダイヤの指輪を見せびらかすようなポートレートはいかがなものか」という批判的なコメントが多く見られました。

しかし、メラニア本人は身内や周りが何と言おうと、まったく気にしていない風で、「自分は自分の人生を意味あるように生きている」と、歯牙にもかけない姿勢を貫いています。ファースト・レディになる前も、その後も、そうした毅然とした姿勢は変わっていません。

「他人は他人。自分は自分」という思いが全てに勝っているようです。

トランプの失言を巧みに庇い、窮地から救う

その背景には、多くの人々が気づいていない「メラニア的成功哲学」が隠されているに違いないようです。彼女曰く「私は表向き政治的な活動はしません。それは夫の仕事ですから。でも、私はプライベートな世界、即ち、家庭内ではとても政治的です」。

要は、表で政治的な動きを重ねるトランプを陰で操るのがメラニアの本領なのです。しかも、大事な局面ではトランプの失言をそれとなく自然な形で修正したり、裏付けたりもしています。彼女にかかっては、トランプも形無しといえるでしょう。

例えば、オバマ元大統領の出生疑惑問題が話題になった時のこと。オバマ氏が短い証明書しか公にしなかったため、トランプ氏はここぞとばかり、「オバマはハワイ生まれじゃない。アフリカ生まれだ。アメリカの大統領になる資格はない」と大騒ぎしました。しかし、最終的にホワイトハウスは正式の出生証明書を公表しました。その結果、トランプ氏による「アフリカ生まれのオバマ説」はためにする議論だったことになり、トランプ氏のことは「ウソを平気でまき散らす無責任男だ」として批判が向けられそうになったものです。

その時、素早く助け舟を出したのはメラニアでした。

彼女曰く「（出生疑惑について）不信に思ったのは夫のドナルドだけではありません。多くのアメリカ人がそう思ったはずです。オバマに投票した人も、そうでなかった人も。皆が本物の出生証明書を見せてほしいと思ったことは間違いありませんね」。

また、大統領選挙の前にトランプ氏が「俺のような有名人が口説けば、女は誰でも好きにさせてくれる」といった露骨な猥談風の発言が収録されたビデオが公になったことがありました。女性の有権者からは猛烈な抗議が寄せられたものです。その時も、救いの神はメラニアでした。彼女曰く「あの発言は男の子たちがロッカールームで悪ふざけしてよく言う戯言です。一緒にいた連中に合わせてオーバーに言っただけの笑い話よ。それをさも鬼の首を取ったように騒ぎ立て、マスコミを煽っているのはヒラリー・クリントンの差し金でしょう」。

一事が万事で、失言癖のトランプ氏に巧みに助け舟を出し、窮地から救い上げてきたのはメラニア夫人に他なりません。地球環境保護を訴えて世界の注目を集めるスウェーデン人の少女グレタさんのことを殊更に批判した時もそうでした。

トランプ氏は「地球温暖化なんてフェイクニュースだ。グレタはそんなことを言ってないで、学校でちゃんと勉強してた方がいいぜ」とグレタさんを見下すような発言を繰り返しました。すると、一斉に「グレタいじめをするな」とトランプ氏への非難が沸き起こったものです。

すかさず、メラニア夫人はコメントを発表しました。自分の子供への思いと重ねるように、彼女は言ったのです。

「未成年の子供の場合にはプライバシーが守られてしかるべきです。自分の考えを持つことは大事ですが、政治の世界には踏み込ませないようにすることが大切じゃありませんか」

要は、やんわりとグレタさんの行動や発言に慎重さを求めたわけです。これでトランプ氏への非難の嵐は収まりました。

それやこれやで、トランプ氏はメラニア夫人には頭が上がらないはずです。

メラニア曰く「私はとても強い存在です。なぜかといえば、自分にとって何が大切か、はっきり分かっているからです」。

異常な金銭欲からヌードを披露

話題は変わりますが、彼女の手書きのサインを見せられた英国の筆跡鑑定家の分析が振るっています。手書きの署名を見るだけで、その人物の性格が判断できるようです。この専門家によれば、先ずトランプ氏のあらゆる方向に向いた手書きのサインからは次のような性格が読み取れるとのこと。

すなわち、トランプ氏は「天才的な戦略家で、自らの感情を分析、操作し、本心を明かしません。ナルシストですが、見掛け倒しではありません。頑固ですが、衝動的に動くわけではないのです。そして、他人に対して、トランプという存在が全てを仕切っていると思わせることに血眼になる性格の持ち主です」と分析してくれました。

では、この専門家が解き明かすメラニア夫人の性格とはどんなものでしょうか。実は、メラニアはトランプ氏の筆跡に影響を受けているようで、「2人の筆跡は向いている方向が似ている」というのです。そこから判断できるのは、メラニア夫人は「トランプ氏とよく似ており、頑固で一本気な性格」とのこと。

「他人を押し倒すような手荒なことはしない」ものの、結婚したことで、「周りとの緊張を引き起こすことが多くなった」ともいいます。どこまで正確に言い当てているかは分かりませんが、恐らく、メラニア夫人本人も、そうした自分の性格をよく理解しており、「自らの言動をコントロールしている」ようにも見受けられます。彼女は人前で即興の話をすることはまずありません。

では、彼女が最も関心を寄せているのは何なのでしょうか？　様々な証言や観察から浮かび上がってくるのは、第一に「異常な金銭欲」です。旧ユーゴスラビアの貧しい生活環境で生まれ育ったこともあり、「豊かになりたい」という願望は半端ないものがあったに違いありません。モデル時代にはお金になるならと、ヌード写真もお構いなしでした。

とはいえ、中学の同級生によれば、「ビジュアル・アートや写真にとても興味を示していた」とのこと。また、「飛び抜けて美人で、礼儀正しく、物静かだった」とも言います。そうした風貌や性格はその後も続いていることは衆目の一致するところです。

地元の大学で建築の勉強を始めたのですが、1年目の途中で早くも興味を失ってしまいました。なぜかといえば、ファッションモデルとして「自分なりの可能性を試したい」との気持ちに駆られたからだといいます。ミラノやパリのモデル事務所と契約し、ニューヨークにも進出するきっかけを摑んだわけです。

「金持ちのスポンサー探し」の標的にトランプを

とはいえ、彼女がニューヨークにおいて仕事ができるようになったのは26歳の時です。いわゆる「スーパーモデル」になるには、遅すぎるデビューでした。そうしたハンディを克服するために、彼女が選んだのは「金持ちのスポンサー探し」です。たまたまニューヨークのファッションショーの会場で出会ったのが2番目の妻と離婚したばかりのトランプ氏でした。

しかし、この出会いが偶然だったのかどうかははっきりしません。なぜなら、トランプ氏の存在は有名で、そんな大金持ちを籠絡《ろうらく》しようとメラニアは虎視眈々と機会をうかがっていた節があるからです。トランプ氏の行きつけのクラブやレストランを調べ上げており、「偶然の出会いを演出したのではないか」と勘繰る向きは多くいました。

いずれにせよ、ニューヨークを基盤に「若き不動産王」として独身貴族生活を謳歌していたトランプ氏は彼女に興味を示し、高級クラブに誘ったようです。その時、トランプ氏から「連絡先の電話番号を教えてくれ」と頼まれたのですが、「嫌です。私の方から連絡するので、貴方の電話番号を教えて下さい」と突っぱねたといいます。

メラニアとすれば、「他の女性と同じように見られたくない」との思いが強かったわけです。というのも、トランプはあたりかまわず女性の電話番号を聞いたり、自分の番号を教えていました。メラニアはそんなトランプの言動をよく観察しており、どんな女性にどんな電話番号を教えるのか聞き耳を立てていたようです。

メラニアに言わせれば「どんな電話番号を教えるかで、その男の意図が分かるのよ。彼は私に全部の電話番号を教えてくれたわ」。それだけ、トランプの本気度が高かったということのようです。

その後のメラニアの行動は素早いものでした。書店に駆け込み、トランプに関する本を全て買い込み、トランプの人となりを徹底的に研究したわけです。全部で17冊のトランプ本を熟読し、トランプに関する情報を頭に叩き込みました。彼の好きなもの、嫌いなものを調べあげ、タイミングを見計らって彼に連絡をし、デートに誘いだすことに成功。いわば、メラニアの仕掛けた罠に見事にはまったのがトランプ氏だったわけです。その後、彼女は「トランプ・モデル・マネジメント」社と契約を結びました。

無名のモデル時代にはヌード写真も厭わなかったようで、一節には「コールガールでもあった」と言われたものです。ヌード写真は大統領候補夫人となった時点で、マスコミも大きく報道しましたが、コールガール説は立証されませんでした。

それどころか、英国のタブロイド紙『デイリー・メール』が彼女に関する記事の中で、「結婚前にはモデルの仕事の傍らコールガールもしていた」と書いたことに対して、1億5000万ドルの名誉棄損の訴訟を起こしたのです。そして見事に勝利を収め、同紙に謝罪広告を掲載させた上で290万ドルの和解金を手にしました。トランプ氏は拍手喝采だったようです。

当時、トランプ大統領候補は「ファッションモデルならよくあることさ。頼まれれば服を着たり脱いだりするのは当然だろう」と問題視しない対応でした。共に「脛に傷持つ間柄」ということでしょうか。いずれにせよ、アメリカの歴代のファースト・レディで、ヌード写真を撮影された経歴の持ち主はメラニア夫人しかいません。

まだ無名の25歳のモデル時代にフランスの雑誌のために撮影されたヌード写真ですが、『ニューヨーク・ポスト』紙が発掘してきて、大統領選挙の最中、「大統領候補夫人のオールヌード」と銘打って1面トップで掲載しました。ハイヒール以外は身に着けていない全裸の写真が公表されたわけです。

撮影したカメラマン曰く「彼女は堂々としており、プロフェッショナルなモデルでした。今、見直しても、女性の美と自由奔放さを表現できた傑作だと思います」。しかも、トランプは「自分と出会う前の彼女だけど、最高だね。裸体がアートになっている」と大絶賛。常識にはとらわれない、「破格のカップル」であることは間違いなさそうです。

実は、トランプ氏もメラニア夫人もアルコールは苦手のようで、一切、口にしません。恐らく、メラニアはトランプの好みに合わせたのかも知れません。メラニアの作戦はとにかくトランプをおだてて、喜ばせ、彼の気持ちを持ち上げることに全精力を注入しているようです。

前夫人と火花を散らしたバトル合戦

2人の前妻と別れ、ポルノ女優や『プレイボーイ』誌のカバーガールとも浮名を流していたトランプ氏を自分になびかせるために、他の女性とは違う魅力で迫ったわけです。短気ですぐに飽きてしまうトランプ氏は女性に対しても同じ傾向が見られます。結婚しても長続きせず、数年すると別の女性に気が移ってしまうのです。

そのことを研究したメラニアはトランプが意外に思うようなアプローチを選びました。要は、決して出しゃばらない。あまり人前では喋らないが、2人きりになるとそれなりに話すという、トランプ氏との距離感を大切にする作戦に出たのです。その点がトランプ氏にとってはすこぶる心地よかったのでしょう。2人は直接会わなくとも、電話で話すことが多かったようです。

そもそも食事といっても、マックのハンバーガーが大の好物で肥満度の高いトランプ氏と、野菜サラダがメインという健康志向の強いメラニア夫人では嗜好が合いません。しかも、母国語はスロバニア語で、英語は限界があるメラニアです。食事を囲んでの会話も弾みようがありません。母国から呼び寄せた両親やトランプ氏との間にもうけた長男のバロン君を含めて会話は全てスロベニア語です。

これにはホワイトハウスに詰めていたシークレット・サービスも困ったようです。なぜなら、メラニア夫人もバロン君もスロベニア語で会話しているため、その内容が全く理解できないためです。ちなみに、メラニア夫人がアメリカ国籍を取得したのは2018年のこと。今ではバロン君もアメリカとスロベニアの両方の国籍を持っています。

そんなわけで、家庭内ではトランプ氏は会話に入れないことも多いようです。トランプ一家の中では言葉を巡って「メラニア派（メラニア、バロン、メラニアの両親）」と「トランプ派（トランプ1人）」で二分されていると言っても過言ではありません。もちろん、トランプ氏はスロバニア語を学ぶ気は微塵もなさそうです。

短気で移り気のトランプ氏にとっては、メラニア夫人が魅力的な女性ではあるものの、謎の部分が多いことも関係が長続きしている理由かも知れません。そして、敢えて、そうしたベールに包まれた神秘性を秘めた雰囲気を維持しているのが、彼女のトランプ操縦術だと思われます。

というのも、自信家で他人の言うことなど歯牙にもかけないトランプ氏ですが、大統領として国民受けするには、良き家庭人で頼もしい夫の役を演じることが欠かせませんでした。そのためには、どうしてもメラニア夫人の協力が必要になります。

そこに必要最小限の形で、演技するかのように寄り添うのがメラニア流というわけです。トランプ氏と対等の関係を求めた最初の夫人や、何かと前面に出たがった2番目の夫人とは大きく違います。メラニアはトランプ氏がなぜ2人の前妻と別れたのか、徹底的に研究したことは明らかです。

傑作なのですが、最初の妻だったイバナと3番目の妻となったメラニアが火花を散らしたことがあります。それはトランプが大統領になった後、2017年のこと。イバナがABC放送の「Good Morning America」という朝の人気番組に出演し「自分はホワイトハウスと直通電話で話ができるのよ。2週間に1度は元の夫と話してるわ。だから、私こそが正真正銘のファースト・レディね」と言ったのです。

確かに、トランプ大統領はチェコスロバキア生まれのイバナを「アメリカの大使としてチェコに派遣したいが、その気はあるか」と打診していました。イバナ曰く「断りました。だって私は自由を愛しているから」。イバナとすればトランプの最初の妻として娘のイバンカを始め3人の子供たちを育て、トランプ・タワーを筆頭にトランプの不動産ビジネスを責任者として成功させたとの思いが強いわけです。「今更、ビジネスでは失敗ばかりだった元夫のいう事なんか聞いていられない」ということでしょう。

実際、ニューヨークはじめ各地に建設されたトランプの高層ビルや高級マンションはイバナが現場で指揮を執ったために順調に行ったと言われてきました。経営そのものもイバナが仕切っていたことは公然の秘密でした。そんな彼女はトランプとの間にできた3人の子供たちを育て上げた回想記『Raising Trump』を出版しています。イバナとトランプの結婚はトランプがビューティー・クイーンのマーラ・メイプルズと不倫していたことが発覚して破綻しました。

そんなイバナから「自分の方がファースト・レディね。元夫からはツイッターでの発信についてよく相談があるわ」とテレビの全国放送で言われたのです。メラニアが黙っているわけはありません。早速、反撃しました。

「世間の注目を集めようとして、自分に都合のいいような話をでっち上げているだけね。単なる雑音にしか過ぎません」

メラニアとイバンカの相性が悪いのも、イバンカの生みの親であるイバナの存在が影響しているようにも思えます。

実のところ、メラニア夫人は交渉人です。自分が協力することを条件に、トランプ氏から多くのお金を手に入れる算段を重ねてきました。特に、将来の離婚に備えて、財産分与の取り決めには相当な時間とエネルギーを費やしたと言われています。夫が大統領に選ばれた際にも、ニューヨークのトランプ・タワーに居残り、半年近くもワシントンのホワイトハウスに移り住みませんでした。

表向きは息子のバロン君の学校の学期が終わるのを待つということでしたが、実際は政治的関心のなかったメラニア夫人はファースト・レディの地位に固執することはなく、「離婚もあるわよ」と夫に脅しをかけて、「その際の財産分与の合意書作り」に時間をかけたようです。

しかも、最愛の息子バロン君の取り分がトランプ氏の過去の結婚相手との間で生まれたトランプ・ジュニアやイバンカたちと同じになるように粘ったためと推察されているのです。そうした財産分与に関する合意書に署名させることに成功した後に、ようやくホワイトハウスに移住したと言われています。

トランプ人脈をフルに活かして、活躍の場を広げていった

一事が万事。メラニア夫人は並大抵の交渉人ではありません。ちなみに、息子の正式名は「バロン・ウィリアム・トランプ」です。「バロン」はトランプ氏が選び、「ウィリアム」はメラニア夫人が選んだ名前といわれています。メラニアにとっては息子のバロンは夫のトランプ氏よりも大切な存在なのかも知れません。メラニアが35歳の時に生まれたのがバロンです。

いわば「バロン命」といってもいいほどの息子ですが、しつけは厳しかったといいます。「バロンには人の意見をよく聞くように育てました。子供の時に何か失敗しても、そこから学ぶことができるように仕向けたものです」。そのためには、母親であるメラニアは事あるごとに息子への愛情を行動でも示しました。

例えば、トランプ氏が議会から弾劾訴追を受けていた時、スタンフォード大学の法学部

のパメラ・カーラン教授がトランプ氏を揶揄するコメントの中でバロン君を茶化したことがありました。曰く「大統領は自分の息子にバロンという名前を付けることはできます。しかし、息子を男爵（バロン）にすることはできません」。この発言の意図はトランプ大統領が立場を利用して、好き勝手していることを批判することにありました。そして、「いくら大統領であっても、王様のような振る舞いは認められない」と付け加えたのです。委員会の場では賛意を示す拍手が起きましたが、ネット上では猛反発を招き、5万通を超える「子供をだしに使うのは許しがたい」というカーラン教授批判が殺到しました。このネット上でのカーラン教授批判の急先鋒に立ったのがメラニア夫人であったわけです。

メラニア曰く「幼い子供を政争の具に引っ張り出すのはやめてほしい。子供にもプライバシーがあります。子供をだしにして、夫を批判するのは許せません」。

メラニアの権幕に震え上がったようで、スタンフォード大学の女性教授はすぐさま陳謝しました。息子第一の母親メラニアの圧勝です。これにはトランプ氏も感動し、「メラニアは素晴らしい。あんな息子思いの母親はめったにいない」とべた褒めしました。

また、別の時に、『デイリー・コール』紙がバロン君の服装を話題にし、「ホワイトハウスで暮らしているのだから、もう少し身なりには気を付けた方がよいのでは」という記事を掲載しました。そこには11歳のバロン君が赤いTシャツとカーキ色の半パン姿で両親と一緒にいる写真が添えられています。週末にニュージャージー州からワシントンに戻ってきた時に撮影されたものでした。

「ホワイトハウスの住人に相応しい服装があるだろう」というわけです。これにはメラニアが反撃する前に意外なところから助っ人が現れました。チェルシー・クリントンです。クリントン元大統領の娘で、彼女自身も幼い頃、ホワイトハウスで暮らした経験がありま す。彼女はツイートしました。

「メディアも他の皆さんも、バロン君をそっとして置きましょうよ。子供なんだから、子供らしい生活を楽しませてあげたらどうですか」

この援軍の登場にはメラニアも大感激したようで、早速、お礼のツイートを返していました。トランプとメラニアの結婚式にはクリントン一家も参加していたわけで、ホワイトハウス時代にメディアから追いかけられ辛い思いを経験したチェルシーにはバロン君に対する同情心が人一倍強いようです。

思い起こせば、トランプ氏とメラニア夫人は出会ってから6年越しの交際の末にようやく結婚に辿りつきました。その間、メラニアはニューヨークを中心にトランプ氏の人脈や後援を得て、多くのファッションショーに出演したり、有名なファッション誌の表紙を飾ることになったわけです。トランプ氏の支えがなければ、彼女のキャリアは羽ばたくことはありえませんでした。

その意味では、メラニアは「金持ちのスポンサー探し」に大成功したと言っても過言ではないでしょう。1995年にメトロポリタン・モデルズ社のザンポーリ氏と親しくなり、一気に弾みがつきました。とはいえ、そのザンポーリ氏といえば、トランプ氏の親友に他なりません。言い換えれば、トランプ人脈をフルに活かして、活躍の場を広げていったのです。

2000年に英国版『CQ』誌にはダイアモンドを身にまとったメラニアのヌード写真が掲載されました。その撮影現場はボーイング727プライベートジェット機内で、所有者は他ならぬトランプ氏です。トランプ氏曰く「メラニアはとても成功しているモデルだ。多くの雑誌の表紙を飾って、幅広い活躍ぶりだね。(ヌード写真については)ヨーロッパじゃ、ごく普通のことだ。ファッショナブルじゃないか」。

ファースト・レディになってからのメラニアは雑誌の取材や写真撮影には彼女らしい拘りを見せるようになりました。例えば、世界的に有名なファッション誌『ヴォーグ』からの撮影のオファーにはNOと答えています。これまでほとんどのファースト・レディが取材に応じ、表紙を飾ってきているのですが、メラニア夫人は応じませんでした。というのは、『ヴォーグ』誌から「必ず表紙に載せる」という確約が得られなかったからです。

ファースト・レディになる前には同誌の表紙カバーに登場したことがあったのですが、新たな申し出には簡単にYESと応じない威厳を見せたのでしょう。実は、『ヴォーグ』誌が撮影をまかせようとしていた女性カメラマンはトランプの浮気相手だった大ポルノ女優のストーミー・ダニエルズの写真を撮っていたのです。このことも影響していたと思われます。

と同時に、表には出ていませんが、『ヴォーグ』誌の編集長アンナ・ウィンツアーはトランプ大統領やメラニア夫人の難民や移民に対する差別的な発言に反発していたようです。黒人初のオバマ大統領やミッシェル夫人には好意的でしたが、特権意識丸出しのトランプ夫妻には好意を感じていなかったことが影響したのでしょう。

また、多様性を強調するウィンツアー編集長はファースト・レディを取り上げるにしても、ファッションセンスだけではなく、個性的な主義主張を引き出そうとしていたため、無口なメラニアにフォーカスすることには賛成しなかったと言われています。ウィンツアー編集長は『ヴォーグ』誌の表紙に黒人のプロバスケットボール選手を登用するなど、従来の白人モデル路線の変更を模索しており、メラニア夫人に対しても「必ずカバーに使うとの確約はできない」と強気の提案をしてきました。

もちろん、メラニアは「バカにしないで。そんな条件での撮影には応じられないわ」と即座に拒絶したというわけです。この一件にはトランプ大統領も頭にきたようで、「ファースト・レディに条件を付けるなどもっての他だ。あんな傲慢不遜な雑誌はそのうち廃刊にしてやる」と、自分のことは棚に上げて吠えまくったそうです。

健康志向が強く、スタイルには並々ならぬこだわり

あまり知られていませんが、彼女はモデルの仕事に加えて、自らの名前を冠した宝石やファッション・ブランドのビジネスにも積極的に取り組んでいたのです。彼女は「メラニア・タイムピース・アンド・ジュエリー」や「メラニア・マークス・スキンケア・コレクション」というブランド商品の販売に取り組み、2016年まで一定のロイヤリティを受け取っていました。

そうした事業にもトランプ人脈は大いに資金援助をしたと言われています。大統領夫人になった時点ではホワイトハウスのサイトに、そうした彼女の名前を冠したブランド商品の紹介が掲載されていましたが、ほどなく削除されました。

なお、変わったところでは、トランプ氏との結婚前、メラニアはアフラック生命のテレビコマーシャルにも出演し、テレビ・タレントというか俳優デビューもしています。2005年に放映されたTVコマーシャルは「Experiment」と題されたものです。アフラック

のマスコット・キャラクターであるアヒルと彼女が入れ替わるという筋書きで、驚いたメラニアが大声で「アフラック！」と叫んで助けを求めるというCMでした。

当時、インタビューに応じたメラニアは「ドナルド・トランプとかいう人は〝You're fired!〟で有名になったようですが、たぶん私は〝Aflac!〟で有名になるでしょう」と、まだ見知らぬ将来の夫のことに触れていました。何やらメラニアには未来を予見できるかのような、不思議な因縁を感じさせられます。

スロベニア（旧ユーゴスラビア）からファッションモデルを目指して身一つでニューヨークへ飛び込んできたメラニアでした。今や母国スロベニアには彼女の成功を祝する記念碑が建つほどです。それだけではなく、彼女の名前を付けたケーキやお菓子も販売され、アメリカの大統領夫人になったことを記念するメラニア・ワインは3日間で完売しました。加えて、地元の作家が執筆した『メラニア・トランプ：スロベニア物語』も売り出され、彼女のゆかりの地を巡るツアーも人気を博しています。

とはいえ、菩提樹で作られたメラニア像は2020年7月4日のアメリカ独立記念日に放火されてしまいました。犯人は見つかっていませんが、トランプ大統領は「放火犯は厳罰に処されなければならない」と怒りを露わにしたものです。

このメラニア像を制作したのは地元のアーティストでメラニアと同じ日に同じ病院で生

まれたこともあり、大のメラニア・ファンとのこと。木製では心もとないので、次回は「火を付けられても燃えない銅像にしたい」と語っています。いずれにせよ、地元では大人気のメラニアですが、トランプ氏と結婚したことを快く思っていない輩もいるようで、放火犯もそうした1人と推察されます。

そんな彼女の父親は国営自動車会社の販売員として生計を立てていました。母親は洋服の縫子さんで、子供服が専門だったとのこと。そんな関係もあり、メラニアや同じ年頃の子供たちは子供服のファッションショーによく参加していたそうです。メラニアが最初にモデルらしき舞台に立ったのは5歳の時と言いますから、「筋金入り」であることは間違いありません。当時のことを振り返ってメラニアは次のように語っています。

「自分はいつもどうすれば美しくなれるか、そして、その手助けをしてくれるファッションに興味がありました。母親がファッション関係の仕事をしていたので、生まれて初めてキャットウォークしたのは5歳の時です。自分はとても背が高く、細身だったので、よくからかわれたものです。でもちっとも気になりませんでした。だって自分は自分の好きなこと、やりたいことが何か分かっていたからです。小さい頃に自分が夢中になれることを発見できたので、それが自信の源になったのだと思います」

彼女には1歳上の姉がいて、2人姉妹です。この姉と母親がメラニアの夢を実現する手助けをしてくれました。何かといえば、メラニアが思いついたファッションのアイディアを実際の洋服に仕立て上げてくれたのです。彼女がデッサンすると、姉と母親が縫い上げてくれたわけです。そのため、メラニアは洋服をお店で買うことはありませんでした。また、メラニアには腹違いの兄がいたのですが、そのことは長年、隠されていましたし、メラニアも「自分は会ったことがない」と語っています。

ところで、前出のファースト・レディ時代のメラニア夫人の広報担当官を務めたステファニー・グリシャムが出版した暴露本によれば、シークレット・サービスがメラニア夫人に付けたあだ名は「ラプンツェル」(グリム童話に登場する魔女)だったとのこと。

理由は、メラニア夫人の最大の関心事が「美容とリラクゼーション」にあったからです。新型コロナウイルスが拡大し、外出の自粛が要請される前から、彼女はホワイトハウス内の自室にこもり、スパとフェイシャルに励み、スタッフとの打ち合わせは必要最小限だったといいます。

しかも、メラニアは睡眠時間が長く、朝も動き始めるのは遅く、午後も昼寝の習慣を大事にしているとのこと。トランプが大統領選挙に当選した日の夜も、結果を待たずに寝室で眠っていたようです。結果が判明し、夫婦揃って記者会見をする段になって初めて起こされたとの武勇伝も残されています。

起きている時も、最も時間を費やすのは自室でのアルバムの整理だったようです。シークレット・サービスは大喜び。というのも、めったにホワイトハウスから外に出ないため、外出先に同行し警護する必要がなく、早く帰宅できたからです。その分、メラニアはホワイトハウス内の内装やローズガーデンなど敷地内の庭園の改装には熱心に取り組みました。

ホワイトハウス内には132の部屋があります。分厚いカーテンを取り除き、明るい日の光が差し込むようにしたり、古くて小さなエレベーターを最新式に入れ替えたり、飾ってある絵画をモダンなものにしました。また、庭園内には日系彫刻家イサム・ノグチの作品を持ち込んだものです。何かと批判もあったようですが、彼女なりの斬新なデザイン感覚がホワイトハウスの雰囲気を変えたことは確かでしょう。

そもそも、メラニアはイサム・ノグチのようなアジア的というか日本的な自然美や造形に魅力を感じていたことは間違いありません。ファースト・レディとして初めて日本を訪問した際にも、日本の伝統的な尺八の演奏や、手を打って鯉を呼び寄せる餌やりには驚きながらも親和性を感じていた模様です。

中でもアコヤガイを使った天然真珠の生産過程には大いに興味をそそられたと言います。「真珠王」の異名をとり、アメリカでもよく知られる御木本幸吉の創業したミキモトの銀座本店を訪ね、海女さんに扮した女性スタッフ陣から説明を受け、実際に真珠を生み出すプロセスを体験したことを感激の面持ちでツイートしていました。

そんな日本文化大好きなメラニアの普段の食生活はトランプとは対照的に自然派です。朝食は繊維質の多いオートミールと栄養豊かなスムージーがメインとなっているようです。健康志向が強く、スタイルには並々ならぬこだわりを見せます。この点はフランスのマクロン大統領夫人のブリジットと同じ趣向と言えそうです。

とはいえ、メラニアは血管が閉塞する塞栓《そくせん》症という病気になり、2018年には手術を受けました。術後の経過は良好で、状況は改善したとのこと。その分、自らの健康には細心の注意を払っているに違いありません。新型コロナウイルスにも夫と共に感染しましたが、メラニアの症状は終始、軽くて済んだ模様です。

一方、トランプの場合は緊急入院を余儀なくされ、集中治療を受けつつ、特別な治療薬を投与されて元気を回復したと言われています。軽症で済んだメラニアと重症化してしまったトランプですが、メラニアに言わせれば、日頃の食生活の違いが影響している、ということになるようです。

メラニアの美と健康の秘訣はこうした食生活へのこだわりに隠されていると言えるでしょう。彼女は常にダイエットの専門家の意見に耳を傾けています。メラニア曰く「毎日スムージーには多くの野菜や果物を入れています。ほうれん草、ニンジン、タマネギ、セロリ、リンゴ、桃、バナナ、ラズベリー、ブルーベリー、レモン、オレンジ、ヨーグルト、そしてオメガ3も欠かしません」。

メラニア夫人は、「たくさんの野菜や果物を摂取することで、皮膚の艶や顔色に奇跡が起こります。老化防止にはもってこいです」と、食事療法の効能を強調するのです。確かに、ラズベリーやブルーベリーにはアントシアニン（抗酸化物質）が多く含まれており、脳の活性化にも効果があると言われています。また、バナナには新陳代謝を促すカリウムの含有量も豊富とのこと。

このように、メラニア夫人は科学的、医学的な見地からも食生活には半端ないこだわりを持っているのです。しかも、彼女は独自の判断でスムージーにオリーブオイルを加えるようになったとも言います。また、オートミールを好んでいる理由としては「満腹感が長続きする効果がある」とも語っています。このあたりの選択眼にも彼女らしさを感じざるを得ません。

更には、野菜や果物の摂取に加えて、「水をたくさん飲むように」とアドバイスしています。確かに、人間の身体の6割以上は水でできているわけで、水分補給は生命維持には絶対的に欠かせません。メラニア曰く「水分は美肌にとって重要で、毎日水を飲むことは健康維持にも極めて効果的」とのこと。

トランプ氏と同じで、お酒もタバコも拒否しています。甘いものは控え目ですが、チョコレートは「記憶力を増し、ストレス緩和に役立つ」と説明し、特にダーク・チョコレートは好物のようです。というのも、ダーク・チョコレートには「フラバノール」と呼ばれるポリフェノールの一種が豊富に含まれているからでしょう。

夫の不倫を黙認した「ヒラリー・クリントンと私は違う!」

そうした日々の食事や健康へのこだわりを自らのインスタグラムで日々、フォロワーと共有しています。実は、メラニア夫人はダイエット・コークも愛飲しているようです。しかも、古くから親しまれている「ガラス瓶入り」がお気に入りとのこと。どうやら、このダイエット・コークに関しては、トランプ氏の好みに寄り添っている風です。

また、トランプ大統領と同じで、自分に関するメディアの取り上げ方には神経質で、報道された自分に関する記事を念入りに読んでいるようです。「グーグル・アラート」を活用しています。そして自分に対して批判的な報道に接すると、どの様な手段に訴えても構わないので、記事の修正を求めるような指示がホワイトハウスのスタッフに相次いだと記されています。先に述べたように、「コールガール説」を掲載したタブロイド紙を訴え、多額の賠償金を勝ち取ったことは有名です。

もちろん、大統領であった夫の浮気には心底立腹したそうです。特にポルノ界のスーパースターと異名を取るストーミー・ダニエルズとの逢瀬が発覚すると、「夫とは別行動をする」と宣言し、大統領専用機「エアフォース・ワン」に向かう際にも、夫とは別の車両を手配しました。当然、手を握ることも拒否です。

寝室は元から別々で、1階に眠るトランプ氏でしたが、メラニア夫人は3階でした。しかし、メラニアはこの浮気事件には相当はらわたが煮えくり返ったようで、それ以降、別行動する機会が増えたことは間違いありません。

何しろ、トランプ氏はメラニア夫人が長男のバロン君の出産直後に堂々と浮気をし、13万ドルという多額の口止め料を支払っていたことが、『ウォールストリート・ジャーナル』紙に暴露されたのですから、メラニアが怒ったのも当然でしょう。当初、スイスで開催される「世界経済フォーラム」に揃って出席する予定でしたが、メラニア夫人はキャンセルを通告し、トランプ氏だけが出席しました。

メラニア夫人曰く「私はヒラリー・クリントンとは違うわ！」。その意味するところは明らかでしょう。ビル・クリントン大統領がホワイトハウス内でインターンの女性モニカ・ルインスキーと不倫関係になっていたことが発覚した際、ヒラリーは何事もなかったように、夫と手を携えてエアフォース・ワンに乗り込んだことがあったからです。

大統領である夫トランプに対しても、「やられたらやり返す」「夫と私は別人格」と、独立人格をアピールするのがメラニア風ライフスタイルに他なりません。トランプ氏も自分に非のあることを承知しているため、メラニア夫人の一見我儘とも取れる行動を受け入れざるを得ないわけです。

トランプを尻に敷くメラニアは「トランプ軍団の影の軍師」

人目のないところでは、彼女の方が夫を尻に敷いているのかも知れません。要は、そう思わせるほどに、メラニア夫人の手腕は魔女がかっており、ファッションのセンスも感情の表し方も独特です。その意味では、メキシコとの国境地帯で親と離れ離れになった子供たちが2000人も収容されている施設を訪ねる時に羽織っていたパーカーが大変な物議を醸したことがありました。

なぜなら、その背中に「I Really Don't Care, Do U?(私、別に気にしてないわ。あなたは?)」というロゴが刷り込まれていたからです。これでは、あたかも「孤児たちのことなど気にしていない」というメッセージとも受け取られかねず、実際、そうした観点から彼女を批判するメディアやSNSが大騒ぎをしました。

とはいえ、彼女は飛行機の中で衣装を変えており、収容施設を訪問する時には別の洋服にしていたわけです。そのことについてはメディアの言及はありませんでした。というわけで、メラニアからすれば、「メディアの報道なんかは気にしないわ」という当てつけで、敢えて、「フェイクニュースでも平気で流すようなメディアへの批判の思い」を込めて、物議を醸すようなファッションを身に着けたとも受け取れます。

トランプ大統領はもっと頻繁にメディアからは「ウソつき」呼ばわりされてきたわけで、そうしたメディアに一撃を加えようとの思いも感じられました。実際、当時、トランプ大統領は夫人のパーカー騒動に際しては「メディアの傲慢さへ反旗を翻した。メラニアの言う通りだ」と納得していたようです。

いずれにせよ、2024年の大統領選挙にトランプ氏は含みを持たせていますが、再出馬し、勝利を手にするにはメラニア夫人がどう動くかによっても大きく左右されることになりそうです。前回の選挙でトランプの選対本部を司ったブラッド・パースケールによれば、「トランプはほぼ間違いなく2024年に再出馬する意向を固めている」とのこと。

パースケール曰く。

「トランプには付き従う軍団がいます。トランプにとっても軍団にとっても次回の選挙は〝カムバック〟ではなく、〝復讐戦〟なのです」

メラニアは「トランプ軍団の影の軍師」に他なりません。日本人は当然のこと、アメリカですら大手メディアも含めて、そんな彼女の隠されたパワーを理解している人はほとんどいません。

「メラニアの魔法」で2024年にトランプは甦る?

彼女は現在、ファースト・レディ時代の回想録を出版する準備中とウワサされています。過去には多くのファースト・レディが自らの経験談を書き残しており、最近ではミッシェル・オバマの回顧録『Becoming（ビカミング）』（邦訳『マイ・ストーリー』集英社）は全世界で1000万部を超える大ベストセラーになりました。前払いの原稿料は夫オバマ元大統領の回顧録（邦訳『約束の地』集英社）とセットで6000万ドル（約67億円）とのこと。

ミステリアスなファースト・レディであっただけに、メラニアの回想録は評判を呼ぶのは必至と思われます。その内容次第では、トランプの再選の追い風にも、逆風にもなるでしょう。トランプ氏に関しては身内を含めて批判的な暴露本が多く出版されているため、もし夫のトランプとの合作とでもなれば、大きな話題となり、オバマ夫妻の記録を破るような超ベストセラーになるかも知れません。

表には出しませんが、メラニアの「権力とお金」に対する執着は並外れています。自らの回想録は「新たなビジネス」に他なりません。親しい友人や仲間がほとんどいないメラニアにとって、再度の大統領職に食指を伸ばすトランプは「夫であると同時に、同じように権力とお金を追い求める価値観を共有する数少ない仲間」なのです。彼女を抜きにしてトランプの再選はないでしょう。

トランプの選対責任者を務めたレワンドウスキー氏曰く。

「トランプはメラニアのアドバイスを最重視していました。彼女のアドバイスは誰よりも勝っており、具体的でした。トランプはメラニアの囁く忠告の95%を素直に聞いています。メラニアの政治的本能というか直感は得難いものです。彼女の頭の良さを皆、理解していません。なぜなら、彼女は寡黙で、その本心をベールに包み隠しているからです。幸い、トランプはその点だけはしっかり分かっていました」

一部の欧米メディアは「メラニアはトランプの浮気性に愛想を尽かしており、離婚は秒読み段階だ」といった風説を流しています。トランプ氏が大統領だった頃、30人以上の側近やスタッフが首を切られたり、自ら辞表を出して去っていきました。その当時は「次に辞めるのは誰だろうか。メラニア夫人かも知れない」といった観測記事まで出回ったものです。

しかし、そんなことは当時も起こりませんでしたし、これからも起こりそうにありません。なぜなら、トランプとメラニアはこれまで見てきたように「似た者同士」で、お互いの利用価値を十二分に理解しているからです。トランプにとってはメラニアが「パワースポット」になっていることは間違いありません。

メラニアは笑みを浮かべながら言います。

「誰にも分からないでしょう。私と夫のことは」

まさに目には見えませんが、「メラニアの魔法」がトランプにかけられているとしか思えません。その魔法の効果が試されるのが２０２４年の大統領選挙です。

第三章

「年上の女（超熟女）」に嵌まったからこそ「史上最年少大統領」になれたマクロン

女教師の恩は山よりハイで、海よりディープ？

3時間に及ぶ顔面若返りの手術に挑戦

フランスのみならず世界の政界の常識を根底から覆したのがマクロン大統領夫妻です。何しろ、ナポレオン皇帝以来となる39歳の若さで大統領職を射止めたエマニュエル・マクロン氏の快挙には国際社会が驚きました。もともと政治の世界には無縁で、大政党のバックもなく、彗星の如く登場し、新党「アンマルシュ（前進）！」を立ち上げたマクロン氏。その結果、既成の二大政党の壁を破り、瞬く間に大方の予想を裏切り、エリゼ宮の主になったからです。

大学卒業後、ロスチャイルド投資銀行に勤務し、その後、37歳の若さで経済大臣に抜擢されたにせよ、抜擢してくれたオランド大統領とたもとを分かってしまい、いわば異端児のような若者がフランスの最高指導者の地位を得ることができたのは、なぜでしょうか？

実は、その最大の要因は24歳年上の熟女ブリジット夫人の采配に他なりません。何しろ、彼女曰く「自分は全てをエマニュエルの成功のために捧げているの」というほどのほれ込みよう、入れ込みようですから。その愛情と言うか思い入れは一般常識をはるかに超えています。

とはいえ、それまで「24歳も年上の女房」ということで、周囲からからかわれたり、白眼視されることも多かったようです。そうした世間の目を完全に変えさせるには、「力を合わせて大統領になるのが一番の近道」との思いがこみ上げてきたのかも知れません。彼女は宣言したのです。

「彼が飛び立てるように、私は翼になるわ」

ブリジット夫人の大統領選にかける思いはユニークでした。曰く「2017年の大統領選挙に出なくちゃダメ！　次の2022年じゃあ、私の顔が老けてしまうから」。そう言うだけあって、彼女の「見た目」へのこだわりは半端ではありません。66歳の時、夫と共にロシアのプーチン大統領を南フランスで出迎える前には、3時間に及ぶ顔面若返りの手術に挑戦しました。皆がハッとするほどの変身ぶりを見せてくれたものです。

その時の彼女のコメントがふるっていました。

「夫と年の差があるように見られたくないから、当然でしょう」

この顔面若返り手術に関しては、経費など詳細は明らかにされていませんが、パリにある「アメリカン・ホスピタル」で行われた模様です。4人のボディーガードに付き添われて同病院に入ったことが確認されています。

もちろん、日頃のエステやホットヨガ、そして美容施術へかける情熱は他を圧倒しています。身に着ける衣装は特に念入りに吟味しているようです。時間もお金も厭いません。

よく口にするのは「鼻だけではなく耳でも呼吸しなくっちゃ！」「顔のシワも妙薬！」といった意味不明な言葉ですが、どうやら漢方医学的なものにも凝っているのかも知れません。多分に彼女特有のユーモアでしょうが。

最近、マクロン大統領の髪の毛に白髪が目立つようになってきたのですが、彼女曰く「私もビックリしているのよ。だって、ちょっと早過ぎない。でも、私に追いつこうとしているようで可愛いでしょう」。

まさに熟女ならではの愛情表現です。いずれにせよ、年を感じさせない工夫と努力を重ねていることは衆目の一致するところでしょう。ブリジット夫人の口癖は「年の差なんか気にしたりするのは時間の無駄以外の何物でもないわよ」。

身に着けるファッションにもこだわりがあります。フランスを代表するルイ・ヴィトンが大のお気に入りで、購入もしていますが、同ブランドからの借り着を重宝しているようです。「借りた衣装はちゃんと返しています」。しかし、そのことを問われると、「私はルイ・ヴィトン・ブランドを気に入っていますが、最も大切にしているのはマクロン・ブランドです。これは誰にも返しません」と言い切ります。

まさに「マクロン命」ということでしょう。ファッションに関して言えば、ブリジット夫人のアドバイスで、マクロン氏も身に着ける洋服や靴など、2人揃ってフランスらしさを演出することにも熱心になってきました。その意味では、ブリジット夫人はフランスの誇るファッション産業のセールスレディとも言えそうです。

素足を強調するミニスカートにしても大胆に着こなしています。２０１９年、大阪で開催されたG20の会合に、マクロン大統領と共に出席した彼女のライトブルーのミニスカートは大きな話題となりました。

とはいえ、いつもセクシーなファッションを追求しているわけではありません。訪問先の伝統や文化に配慮することは忘れていないようです。例えば、インドを公式訪問した際には、インド人のデザイナーにアドバイスを求め、現地の人々に親しみを感じてもらえるサリー風の服装にこだわりを見せました。

教え子を誘惑した熟女教師との誹謗中傷をはねのけて

間もなく70歳になる彼女ですが、健康的でファッショナブルであるのみならず、エレガントなセクシーさを売り物にしているわけです。そのため、海外メディアの中には、彼女のことを「ブリジット・バルドー以来の超人気フランス人女性」とまで評するところもあるようです。同じブリジットでもあり、華麗さで一世を風靡した女優と国際的な人気を二分しています。

フランスの『フィガロ』誌では、「あらゆる世代の女性を魅了するパワーがあり、大統領に魂を吹き込んでいる」とまで持ち上げているほどです。彼女のことを特集した雑誌『エル』は過去10年間で最高の53万部の売上げを達成しました。H&Mでは彼女の人気にあやかろうと、彼女の名前を刷り込んだTシャツを売り出しています。

そうしたブリジット夫人の発するエネルギーはマクロン氏の全身に行き渡っていることは否定のしようがありません。彼女からエネルギーを受け取ろうとするかのように、マクロン氏は常に彼女の指に触ったり、手を握ったりしています。それほど彼女の存在が欠かせないというわけです。彼女の吐息は媚薬効果抜群なのかも知れません。

フランスのメディアによれば、「ブリジット夫人は気持ちが若く、夫のマクロン氏よりずっとエネルギッシュ」であり、「全身で呼吸をし、夫を包み込んでいるようだ」とのこと。言わば、熟女というより魔女に近い存在かも知れません。マクロン氏も彼女の影響を受け、持ち運ぶバッグはやはりルイ・ヴィトンです。背広もネクタイも、はたまた時計や靴に至るも全て彼女のお眼鏡に叶うブランドで固めています。

2017年の大統領選挙期間中、マクロン候補は「もし、自分が大統領に選ばれた暁には」と言いかけて、「いやいや、もし自分たちが選ばれた暁には」と訂正する場面がありました。そして続けて、「自分たちが選ばれた暁には、彼女の役割も場所も用意したい」と付け足し、「彼女はフランス版の初のファースト・レディになる」と断言したほどですから。

確かに、ブリジット夫人のアドバイスを取り入れ、マクロン候補の演説は日に日に上達したと言われています。舞台上で派手な立ち回りを演じる役者のように表現力も豊かになっていきました。全てを手取り足取り指導したのがブリジット夫人だったというわけです。その結果、大統領の座を射止めたわけですが、勝利演説の中でも「彼女がいなければ、今の自分はいなかった」と心情を吐露しているほどです。

会場を埋め尽くした支持者の間からは、大きな声援が沸き起こりました。それは「ブリジット！　ブリジット！　ブリジット！」と、ブリジット一色になったほどです。演劇好きの彼女とすれば、自身がステージで大きな芝居を演じているとの思いがよぎった瞬間かも知れません。

選挙期間中においても、彼女の街頭演説はマクロン氏にとって生きた教材だったと思われます。演台に立つと、先ずは夫にキスをしてから語り始めるのが彼女流です。

「私は街に出るのが大好きです。いろんな人と出会えるから。今日も皆さんから〝頑張れ！応援している！〟とのご声援を頂いています。その言葉が私たちを動かします。しっかり戦います。それは皆さんがそこにいてくれるからです」

ブリジット夫人の語り口に聴衆は熱狂的に反応したものです。

誰もが「ブリジットあってのマクロン大統領」ということを納得していることの裏返しに違いありません。とはいえ、選挙期間中には、24歳の年齢差を揶揄したり、「ブリジットは教え子を誘惑した女性教師」で、「マクロンは女嫌いのゲイ」といった誹謗中傷の嵐も巻き起こり、厳しい戦いになったようです。

中には「彼女はマクロン候補の母親だ」とか「ホモを隠すためのあごひげ役として彼女を傍に置いている」といった、おちゃらけた取り上げ方もされていました。しかし、振り返って、彼女曰く「大丈夫よ。人が何と言おうと、気にしないわ。時が経てば、懐かしい思い出になるはず。そう自分に言い聞かせているの」。

マクロン大統領は「もしブリジットが幸せでなければ、私の大統領としての5年の任期は失敗の烙印を押されたに等しい」とまで語っています。これだけの思いを夫である大統領に告白させる腕前はやはり熟女に止まらず魔女に近い超能力としか思えません。

「夫婦一体」で「非公式の官房長官」に就任？

大統領選挙において、マクロン夫妻ほど有権者の興味や関心を引いた候補はこれまでいませんでした。強力な対抗馬と目された右派を代表するル・ペン候補も善戦しましたが、いわゆ彼女は選挙を手伝っていた夫に対して違法な報酬を支払っていたことが暴露され、いわゆる金銭スキャンダルで後塵を拝することになってしまいました。その種のスキャンダルとはマクロン夫妻は無縁です。

当初、エリート臭のするマクロン候補は一般受けしませんでした。そのイメージを払拭し、大衆からの支持と人気を生み出し、いわゆる「マクロン津波」を引き起こしたのはブリジット夫人の若作りのファッションセンスと舞台俳優的なパフォーマンスに彩られた強力な熟女パワーだったわけです。

とはいえ、「年の差カップル」には、それなりの困難や悩みも付きまとうようです。彼女自身も「普通のカップルでも複雑な要素があるでしょう。ましてや、私たちのように大きな年齢差がある場合は皆さんの想像を絶するものがあります」と告白しています。「最初は子供たちのことが心配でした。父親を変えることで、傷つくのではないかと思ったものです。でも、私が本当に幸せになるのであれば、と納得してくれました」

続けて曰く。

「私のような年上の女性が年下の男性を弄んでいるのではないか、と色眼鏡で見られることもありました。そういった人たちは、私のことを〝クーガー（アメリカライオン）〟と呼びたがります。でも私は年下の男性にのみ関心があって、年齢差に惹かれるタイプではありません。同じ世代の男性にも心がときめくこともありますよ。でも、エマニュエルは例外中の例外でした」

彼女の発想は「2人で共に過ごす時間が長ければ長い程、個性が磨かれる」というもの。大統領とファースト・レディであるお互いのスケジュールをいつも確認し、相手がどこで何をしているのか、常に関心を寄せているといいます。大統領府の顧問たちも、「大統領への陳情や要望はブリジット夫人を通すのが最速」と見なしているようです。

例えば、コロナ対策としてのロックダウンについても、賛否両論がある中で、「経済優先策としてロックダウンの回避を進める上では、ブリジット夫人から大統領を説得するのが近道」と言われたほど。いわば、彼女は非公式の官房長官的な役割を担っていると言っても過言ではないでしょう。

更に言えば、彼女はマクロン大統領にとって「知恵の宝庫」であり、最も頼りがいのあるパートナーなのです。実は、彼女は自ら地元の市議会議員選挙に立候補したこともありました。当選はなりませんでしたが、政治を通じて地方を変えることには人一倍心を砕いていたようです。特に、教育や自閉症の子供への支援策には熱心に向き合ってきました。

今や、ファースト・レディとして、手塩に掛けて育てた夫を通じて、その夢を一層大きく実現しようとしているかのようにも見えます。また、個人主義の傾向が色濃いフランスの社会において、夫婦一体主義を実践するマクロン夫妻はフランス人の常識に大きな一石を投じています。

とはいえ、彼女が公式に予算のついたファースト・レディの職務に就くことには国民からの強い反対があり、実現しませんでした。選挙期間中にはマクロン候補は「当選の暁にはファースト・レディ専属のオフィスを立ち上げる」と宣言していましたが、この計画は白紙撤回されました。その点、フランスの有権者にはバランス感覚があるように思えます。

ちなみに、アメリカのファースト・レディの場合は１９７８年に成立した法律に従って、公的な地位とそれに応じた事務局体制が敷かれています。例えば、トランプ大統領時代のメラニア夫人には12人の専属のスタッフが付けられていました。現在のブリジット夫人には２人のイケメン男性スタッフと２人の警備員が付いているだけです。

とは言うものの、ブリジット夫人は大統領を厳しく批判できる立場を維持しているのも周知の事実で、彼女に大きな期待が寄せられている所以でしょう。その点では、アメリカ初の黒人大統領となったオバマ氏を支えたミッシェル夫人と共通するものがあります。共に知的でファッションに凝っており、しかも、夫の後ろではなく、常に同列に並ぶ傾向が顕著です。

大統領夫人になってからも彼女の仕事は増える一方のようです。エリゼ宮には大きな窓がたくさんあるのですが、重くて厚いカーテンで閉め切っていることが多かったため、彼女の采配でカーテンを外し、太陽の光を取り入れるようになったといいます。大統領府の雰囲気はガラッと変わったわけです。

また、家具や調度品についても、一般市民が閲覧できる場所に飾るものにはフランスの現代アーティストの作品を積極的に取り入れています。と同時に、彼女のアシスタント役を務める2人の男性職員もマクロン大統領より若く、これまたイケメンと評判になっているようです。もちろん、選んだのはブリジット夫人でしょう。そうした采配のお蔭で、エリゼ宮の雰囲気は依然と比べ格段に明るくなったと評判も上々です。

更に注目すべきは、大統領に宛てた国民からの手紙には全てに目を通して、必要な返事を用意していることです。サルコジ元大統領の頃には、寄せられる手紙は1日に多くて35通だったといいますが、マクロン大統領の元には連日200通を超える手紙が届いているようです。

そうした手紙の中から、これはという要望や提言を大統領の耳に直接伝えるのが彼女の役目となっているわけで、マクロン氏も重宝しているに違いありません。長年教師を務めていたブリジット夫人であるため、特に公的教育の拡充は彼女のライフワークであり、自閉症に苦しむ子供たちや障がいを持つ者への支援に関しては、並々ならぬ熱心さで取り組み、マクロン政権の政策にもインプットしているわけです。

10代の少年とアラフォー先生との劇的な出逢い

実際のところ、国家予算は押しなべて削減されているのですが、教育関連の予算だけは例外的に増加しています。これには明らかにブリジット夫人の思い入れが影響しているに違いありません。更に言えば、エリゼ宮で執り行われる様々な催しに際し、多様な価値観を反映するように采配するのも彼女が注力しているところです。移民を含めてフランス社会の多様性を強みに転換したいという思いが伝わってきます。

加えて、彼女はセーヌ河畔を散歩し、自転車に乗ってパリの市内を走り回ることもしょっちゅうあるようです。ファースト・レディになる前には、帽子にサングラスというい で立ちで地下鉄に乗って、あちこちを訪ね回っていたことが知られています。それは市中の一般の人々と会話することに努め、動きながら物事を考える時間を大切にしているからだと言います。彼女に言わせれば、「エマニュエルがフランスをより良い方向に導こうとしていること、そのための準備を怠っていないことは、私が誰よりも分かっています」。

「だからこそ、私たちは常に一緒にいるようにし、常に語り合っているのよ。もし、私が黙ってしまうと、彼は心配してしまうくらいなのよ。だから、私もいつも彼を求めているの。以前、大統領選挙の最中だったけど、ルーブル美術館を訪ねたことがあったわ。その時、彼が少し先を歩いて上の階に1人で行ってしまったの。演説に遅れないように急いでいるのだと思ったけど、1人取り残されたような気がして泣きそうになったわ。私も急いで階段を駆け上って、上の階に着いたの。そうしたら誰もいなくて、彼だけが待っていてくれたわけ。私は彼が大きな山の頂を征服し、私と一緒に日の出を見ようと待っていてくれたように感じたわ。その時に確信したの。彼となら地の果てまでも行けるわって」

元々、マクロン少年が15歳の時、彼女は彼が通っていたフランス北部のアミエンという町にあるカトリック系の私立高校の先生でした。教えていたのは主に文学で、フランス語やラテン語も守備範囲だったといいます。そして、放課後の演劇部で指導役を務めていたのです。当時、40歳になろうとしていたブリジット夫人には銀行家の夫もいれば、3人の子供もいました。しかも、彼女の娘の1人とマクロン少年は同級生だったのです。

その娘は初めてマクロン少年と同じクラスになった時、自宅に帰るや否や、母親、即ち、ブリジット夫人に向かって、こう叫んだと言います。

「お母さん、私のクラスに凄い男の子がいるの。どんなことを聞かれても、先生が驚くほど詳しく答えられるのよ。天才だわ」

当時のことを振り返り、マクロン少年の母親は「うちの息子が淡い恋心を抱いているのは、ブリジット先生の娘のローレンスだと思いました」と語っています。ところが、息子の気持ちを奪っていたのはブリジット先生であることが判明。

マクロン少年の両親は父親が神経学の大学教授で、母親が内科医という医者の一家です。ちなみに、彼の弟は心臓病の専門医で、妹は腎臓病の専門医となっています。一族の中で医者にならなかったのは彼だけです。

いずれにせよ、息子のことを案じた両親は「ありえない。信じられない」と、即座にブリジット先生の元を訪ね、「息子を弄ばないで下さい。あなたには夫も子供もいるじゃありませんか。万が一、うちの息子と一緒になったとしても、あなたの年齢では子供が作れないでしょう。もうこれ以上、息子には会わないで下さい。少なくとも息子が18歳になるまでは」と詰め寄ったのですが、ブリジット先生は「何も約束などできません」と、きっぱりと断ったのです。

これにはマクロン少年の両親もあきれ返るしかなく、結局、息子をパリにある別の学校に転校させることになりました。しかし、17歳になっていたマクロン少年は「絶対に諦めない。将来何をしていようとも、必ずブリジット先生と結婚する」と宣言した上で、パリに転校したそうです。ブリジット先生も、マクロン少年も一般常識を超えた世界に住んでいたとしか思えません。

「チャンスは掴んだら離さない」がモットー

実は、マクロン少年はブリジット先生が主宰する演劇サークルに所属していました。そこでは創作劇の台本を書くという課題が与えられていたのですが、マクロン少年はブリジット先生との恋物語をコメディー風にアレンジした作品を思いつき、その台本を仕上げる過程でブリジット先生と気持ちが通じ合うことになったようです。毎週金曜日の放課後、演劇サークルを通じて、2人は台本作りに励んだのです。彼女曰く「金曜日の夜が終わると、土曜日からは早く金曜にならないかと指折り数える毎日でした」。

当時、同じサークルに所属していた仲間たちは「あの2人の関係は教師と生徒の枠を超えている」と話題になったと思い出を語っています。その頃、マクロン少年に付けられたあだ名は「BAM」というもの。何の略かといえば、「ブリジット・アウジエール・マクロン」。アウジエールとは彼女の最初の夫の苗字です。

教師であった祖母の影響で本が大好きだったマクロン少年は詩を書いたり、ポルノ風の小説も手掛けるなど早熟だったようです。同世代とつるむよりは学校の先生や大人との会話を楽しむ毎日だったといいます。また、ピアノのレッスンも10年以上続けており、地元のコンクールで入賞するほどの腕前でした。

特にシューマンとリストの作品がお気に入りだったため、ブリジット先生のためによくピアノを弾いたそうです。もちろん、カラオケも大好きで、ブリジット先生が勧めるままにワインを飲みながら、マイクを握っては2人で愛の賛歌をハモっていたと言います。そうした場面でのブリジット先生の口癖は「まるでモーツァルトと一緒にいるみたい」だったそうです。マクロン少年をワインの世界へ誘ったのもブリジット先生でした。

演劇の指導にも熱心だったブリジット先生曰く「マクロン少年には俳優の素質があったのよ。しかも、コメディアンの役がうってつけに思えたわね」。

そんなブリジット先生は、後にマクロン氏が大統領選挙に出馬することになると、演説の振り付けに人一倍力を発揮することになりました。「ここではもっと声を強く！　ここでは少し間を空けて」といった指導を重ねていたとのこと。今でも、彼女の振付師としての役割は変わっていません。

いずれにしても、ブリジット先生はマクロン少年と出会った時に、「これは幸せを手にする最初で最後のチャンスだ」と感じたと告白しています。21歳の時に銀行家と結婚し、3人の子供に恵まれたブリジット先生ではありましたが、そんな自分にきっぱりと決別する意思の力があったのです。

彼女の家柄は1872年創業のチョコレート製造会社「トロニュー」。5代続く老舗で、一番人気はお菓子のマカロンです。「マカロン」と「マクロン」の間に不思議な共通性が感じられます。今はブリジット夫人の姪が社長を務めているとのこと。いずれにせよ、極めて裕福な家庭で育ち、親の勧めで銀行家と結婚し、学校の教師をしながら何不自由ない生活を送っていたわけです。高校の教師になる前は地元の商工会議所で報道担当の仕事もしていました。

ところが、マクロン少年との出会いによって彼女の人生は大転換することになりました。田舎での生活であったため、「彼女が教え子と親しくしている」とのウワサはたちまち広がりました。その結果、それまで親しくしていた人たちは皆、彼女を避けるようになったといいます。

しかし、彼女は自分の直感を大事にしたのです。「このチャンスを逃せば、自分の人生は自分のものではなくなる」。そう思い切った彼女はパリに転校したマクロン少年の元をしばしば訪ねたのでした。1953年4月13日に6人兄弟の末っ子として生まれた彼女ですが、発想も行動も他の兄弟とは違っていたようです。「チャンスは摑んだら離さない」。これこそブリジット夫人の真骨頂に他なりません。

実は、彼女が思い切った決断を下した背景には、一家の悲劇が影響していた可能性が高いのです。それは彼女がまだ10代の頃、彼女の姉とその夫とまだ6歳の娘の3人が自動車事故で命を失ってしまいます。その衝撃は重く、それからというもの、自分の全身に鎧を被せるような防衛本能に従うようになりました。そうした経験を経て、自分なりに思い残すことのない人生を送る決意を固めたのでしょう。

そのきっかけとなったのがマクロン少年との出会いだったわけです。マクロン少年も読書三昧の子供時代だったとはいえ、「本当の人生は小説より奥が深い」との思いを早くから実感していたのでしょう。２人の波長は完璧と言っていいほど、見事にハーモナイズしたわけです。年齢差とか周囲の目とかは理想を求める２人には何の障害にもなりませんでした。

毒舌トランプも絶賛した「すばらしいプロポーション」の秘密

結局、ブリジット先生は長年連れ添った銀行家の夫とは協議離婚。その翌年、２００７年のことですが、マクロン青年と念願の結婚を果たしたのでした。マクロン29歳、ブリジット54歳の時です。しかし、２人は結婚したことを公にはせず、８年間は秘密にしていました。

３人の子供たちは、マクロン氏が新たな父親になり育てることになりました。とはいえ、ブリジット先生の長男セバスチャンはマクロン青年より２歳年上ということで、息子が自分より年上という一風変わった家族が誕生したのでした。

しかし、自分の母親が本当に幸せを手にしたことを間近に納得した3人の子供たちは新しい父親のマクロン氏の大統領選挙を全面的に手伝い、ブリジット夫人共々、前代未聞の大統領の誕生に欠かせない役割を演じたわけです。

また、息子が年上の先生に惑わされたと思っていたマクロン氏の母親もブリジット夫人とはその後親しくなり、今では「最も親しみを感じる親友になった」と語るほど。逆に言えば、それだけブリジット夫人のマクロン氏への情熱が並外れていることを理解し、息子の結婚に納得したということなのでしょう。新たに両親となったマクロン夫妻にはいままでは9人の孫も誕生しており、両家とも賑やかな様子となっています。マクロン氏の母親のフランソワーズ曰く「あの2人の完璧に融合した愛には負けたわ」。

気になるのはブリジット夫人の元の夫です。元々、無口で人付き合いの苦手な銀行家でした。家族が知人を招いて会食しても、一言も発しないことが多かったといいます。とはいえ、3人の子供たちの未来を案じ、できるだけ自分たちが離婚した後も問題が発生しないように気を配ってくれたとのこと。

この元夫は話下手であったこともあり、ブリジット夫人には物足りなかったのかも知れません。しかし、マクロン少年の元に去っていったブリジット夫人が幸せな人生に挑戦できるように陰ながら応援していると言われ、見方を変えれば、そこまで元の夫を納得させせた彼女の腕前も相当なものです。

ブリジット夫人の口癖は「夫のエマニュエルの欠点はただ一つです。それは私より後に生まれたことね。それ以外は難癖のつけようもありません。2人でいれば、いつまでも成長し続けることができます。2人で一緒にいれば、すべてが上手く行くのです。出会えて、本当に幸運でした」。

とはいえ、マクロン少年が「未来のフランス大統領になるとは思っていなかった」とも告白しているブリジット夫人です。

「彼にはコメディアンか作家になる素質がありました。要は、政治家というよりはアートの世界で生きると思っていたのです」

しかし、そんなマクロン少年が政治の世界で大躍進するきっかけを作ったのはブリジット夫人に他なりません。

なぜなら、彼女にとって周りにマクロン氏との関係を認知させるには、彼を大統領に押し上げるに勝る法はなかったからです。大統領職に挑戦したマクロン氏にとって「飛び立つきっかけと飛び続ける翼」となったのが彼女でした。

マクロン氏に少年時代から青年期を経て、今日に至るまで「過剰とも思える自信と誇り」を吹き込み続けたのです。結局、2人の間には子供はできませんでしたが、子供に勝る希望と喜びを2人で共有することになったと言えるでしょう。

マクロン大統領も彼女にはぞっこんで、エリゼ宮で開かれたファッション業界のリーダーを集めた夕食会の最中でしたが、歓迎の挨拶の途中で、わざわざ夫人の手にキスをして、参列者を驚かせました。

どうやら2人ともPDA（Public Displays of Affection）の傾向があるようです。これは「人前でイチャイチャする」性格を表す表現ですが、似た者同士なのでしょう。2人のキスシーンはマクロン少年が15歳の時から続いているわけです。マクロン大統領の口癖は「彼女なくして、今の自分はない」に他なりません。返す刀で彼女がよく言うのは「私はマクロン・ファン・クラブの会長ですから」。

もちろん、24歳も年の差があるわけで、今のブリジット夫人は68歳。マクロン大統領は44歳です。しかし、年の差を感じさせないように、ブリジット夫人が続けている努力は並大抵のものではありません。何しろ、初めて彼女に会ったトランプ前大統領は、彼女のスタイルの良さに驚愕したようです。本人を前にしての第一声が「素晴らしいプロポーションだ。驚いた！」というもの。

確かに、ミニスカートも豪華なドレスも見事に着こなすファッションセンスは抜群です。10代の頃はフィギュア・スケート・チームの一員だったブリジット夫人。しかし、そのような見事な体型を維持するための努力や工夫も人並み外れています。エリゼ宮には37人のお抱え料理人がいます。ナポレオン皇帝の時代からの伝統的なフランス料理の業を引き継いでいるに違いなく、当時の銅製のソースパンがいまだに使われているとのこと。

その料理長であるゴメス氏曰く「ブリジット夫人のためには食材にもその選択にも気を配っています。彼女の指示で毎食、必ず10種類以上の野菜と果物を用意しています」。いわゆるジャンクフードはご法度です。もちろん、ワインとチーズはOKで、欠かさないとのこと。その点、アルコールやチーズを受け付けなかったサルコジ元大統領とは大違いです。

毎年、年齢は重ねるにしても、「見た目も若くすることで、年々、若返ること」をモットーにしているのがブリジット夫人です。そのため、体力作りも兼ねたジムでの体操は日課になっているとのこと。室内に限らず、太陽光を浴びることを心がけており、常に日焼けした笑顔を見せています。特に夫と共に海外に出かける場合には、訪問先での料理や民族衣装にも配慮し、できるだけ現地の食文化や伝統を大事にすることを心がけているようです。

そうした情報を夫と常に共有しているのも彼女らしい「縁の下の力持ち」としての役割と思われます。マクロン大統領の当選祝賀会での第一声は今でも語り草になっているほどです。曰く「ありがとう！　今回の勝利があるのは、妻のお蔭です。これまでも、これからも、いつまでも2人で力を合わせて、フランスのために働きます」。

とにかく、2人の仲睦まじさは半端ありません。選挙期間中もその後の公式行事においても仲良く手をつなぎ、一刻も離れようとしないのですから。お互いに「1時間半が別々にいられる限界」と言っているほどです。90分過ぎると、どこにいようが、誰と会っていようが、必ず相手に電話して、お互いの所在を確認することが習慣化しているといいます。歴代のフランス大統領は愛人を囲ったり、あちこちで浮名を流すことが当たり前のようで、国民もドンファンタイプの指導者を容認し、喝さいを送ってきましたが、マクロン大統領に限ってはまったく浮いた話などはあり得ないようです。何しろ、毎晩、必ず、寝る前にはその日のお互いの言動を確認し合い、「情報共有」に励むというほどですから。

ブリジット夫人曰く。

「怒ったままで眠りにつくことは絶対にしたくないわ。だから、朝食と夕食は必ず一緒にとるようにしているの。そのために、夫が書類に目を通すのが深夜になったとしてもね」

要は、その日起きた出来事、あるいは出会った人との会話の中から、本当に重要と思われる価値のある情報を率直に伝え合うのです。フランクな意見や感想を語り合う場となっているようで、特に、マクロン氏にとって不都合な真実を知るにはかけがえのない時間と言えるのでしょう。

一時は、「マクロンはゲイだ」といったウワサも流れましたが、これも一種のやっかみに他なりません。フランスでの世論調査では「ブリジット夫人を好意的に評価する人々」が64％で、「マクロン大統領を好意的に評価する人々」の52％を上回っています。過去のどの大統領夫人と比べても、ブリジット夫人の人気は断トツのトップです。

「マリー・アントワネット」になぞらえる批判も

とはいえ、政治の世界では足の引っ張り合いは日常茶飯事。マクロン夫妻もその一挙手一投足が賞賛されることもあれば、批判の的になることもあります。かつて非難の嵐を浴びたマリー・アントワネットの二の舞にならないとの保証はありません。エリゼ宮の内装についても、お金の無駄遣いとの指摘も出ているほどですから。

大統領府にあたるエリゼ宮ではマクロン大統領の執務室は2階にあるのですが、ブリジット夫人の居場所は1階に確保してあり、いつでも2人が行き来できる仕掛けになっています。時にはマクロン大統領にとって必要がないと思えるようなアポが入っている場合には、ブリジット夫人が気を利かせて「急用」と言う名のリラックス時間を押し込み、大統領の気分転換を図ることもあるようです。

いずれにせよ、大統領夫人ともなれば公人の最たるもの。何を言っても、何をしても、メディアも周囲もほうっておかないでしょう。良くも悪くも「口撃」の対象になります。

中には彼女のことを例の「マリー・アントワネット」になぞらえるSNS上の言及も後を絶ちません。そこで彼女が採っている防衛策は「自分について他人が書いたり、発言していることは一切目にしない、目にしたとしてもスルーする」ということのようです。

というのも、彼女に言わせれば、「私のことを書いてあるらしい文章や記事を読んでも、とても自分のこととは思えませんから」とのこと。彼女曰く「エマニュエルが私のクラスの生徒だったということが書いてあるけど、そんなことはなかったわよ。私が彼の書いた詩や宿題を他の生徒の前で読み上げたといったことも、よくできた作り話ね」。

取材に応じて彼女が強調するのは「私たちは他人がどう書こうが気にしないの。結婚する前には頭に来たり、怒ったりもしたけれど、今はまるで平気よ。エマニュエルと出会えて、一緒になれて満足しているから」。

とはいえ、彼女にとって「人生最大の決断はマクロン少年からのプロポーズを受け入れたこと」であり、この点については「誰がどう思おうが、どう書こうが、真実は一つ」であり、「あの決断をしなければ、自分の人生はなかった」と力を込めて語ります。全てはマクロン大統領との二人三脚なのです。２人の間に子供はできませんでしたが、子供ですら入り込めないほど固く結ばれているということなのでしょう。もちろん、公式、非公式の場を問わず、マクロン大統領の傍には常にブリジット夫人の姿があります。

その上で、「女性だからと言って男性の後ろに控えている必要はない」との姿勢も鮮明に打ち出しています。そこが彼女らしさでもあるのでしょう。例えば、国連総会です。各国の元首らが演台でスピーチを繰り出しますが、その間、同行してきた夫人たちは会場の後方に用意された夫人席で夫の演説を聞くというのが通例になっています。

ところが、ブリジット夫人の場合は違いました。彼女は最前列に陣取ったフランス政府代表団の席で夫の演説を聞くことに拘り、その考えを貫いたのです。「女性の地位を守るため。添え物ではダメ！」という信条を行動で示したといえるでしょう。

更には、自国で外国の賓客をもてなす場合でも、これまでの大統領夫人は夫の後ろに控え目に付き従うことが慣習化していましたが、ブリジット夫人の場合は違います。なぜなら、夫と並んで最前列で対応するからです。トルコのエルドワン大統領を迎えた時もそうでした。周囲からは「まるでマリー・アントワネットのようだ」とか「フランスの女王になったのか」と揶揄する声が巻き起こったほどです。しかし、彼女は全く意に介しません。

「3歩下がって、夫の後を行く」ことはしない

年の差を逆手に取った「逆転の発想」も彼女の持ち味です。曰く「私はファースト・レディでもラスト・レディでもありません。私はブリジットですから」。要は、「マクロンと

同等」を地で行くのがブリジット流。「3歩下がって、夫の後を行く」というのではなく、常に「隣同士」を希望するのです。彼女の口癖は「私は夫という花を生ける花瓶じゃないの」。「決して飾り物にはならない」という強い意思を感じます。

大統領夫人になり、エリゼ宮の主となったわけですが、フランスAFPの取材に答えて、彼女はこう心情を述べています。

「エマニュエルと一緒になって、私の人生は想像を絶する出来事の毎日です。今この瞬間も、次にどんな冒険の扉が開かれるのか心をワクワクさせて待っています。この20年間、いつもそうでした。これからも、きっとそうだと思います。一緒に地の果てまでも行くつもりよ！」

これこそ、ブリジット夫人の魔法の言葉でしょう。熟女ならではの得意技といっても過言ではありません。常にマクロン大統領の横に立つ彼女の立ち居振る舞いからは英国の女王を彷彿させるような威厳すら感じられます。

冒頭に述べたように、ほぼ無名な存在だったエマニュエル・マクロン氏がフランス史上最年少の大統領に選ばれたのは、この一言に凝縮されているように、ブリジット夫人の燃えるような気持ちが原動力となったことは明らかです。2人の一途な想いは、歴代の大統領や政治家とは一線を画すもの。異性問題や金銭スキャンダルに彩られたフランス政界にとって、マクロン夫妻の放った一石は大きな津波を引き起こしています。

とはいえ、コロナ禍の影響もあり、貧富の格差が拡大するフランスでは反マクロンの運動も盛んになってきました。「イエローベスト」集団と呼ばれる過激派のデモや破壊工作が広がり、富裕層やエリート集団寄りと見られるマクロン大統領は厳しい政権運営に直面しています。また、失業者に対する厳しい発言やデモ隊に暴力を振るった警備員を擁護する姿勢を見せたことでスキャンダル化しました。

しかし、ここでも「救世主」と目されているのはブリジット夫人です。彼女は政治家でもなく、公的な立場があるわけでもありませんが、夫の名代として危機管理を務めるには最適と言えるでしょう。彼女自身に政治的野心があるわけでもなさそうです。

これまで同様、マクロン反対派の多い地方に出かけては、得意の演劇風パフォーマンスでマクロン支持を訴えています。やはり、彼女の方が大衆受けし、人気が高いのです。2022年4月の大統領選挙に際しても、マクロン氏の再選のカギを握っているのはブリジット夫人の「熟女パワー」であることは論を待ちません。

熟女夫人のくびきから自立できるか

いずれにせよ、母親であってもおかしくない年齢差のブリジット夫人と共に歩んできたマクロン大統領です。彼は「自分の夢はフランスの政治を根底から変えることにある」と語っています。自らの思いを込めた2冊の本の原稿も書き上げたと言います。その意味では、これまでの彼の人生はブリジット夫人あってのもの。今後、彼自身が熟女のくびきから自立できるかどうか、大いに注目に値すると言えるでしょう。

ブリジット夫人の前夫アンドレ・ルイ・アウジエール氏は2020年12月のクリスマス・イブの夜、静かに69歳の寿命を終えました。ブリジット夫人がファースト・レディとして仕事に勤しむ道を邪魔しないようにとの思いからか、彼女と離婚した後は、ほとんど〝世捨て人〟のような生活になったといいます。

2歳年上の夫でしたが、若かりし頃は、長身の男前でたくましい体格の持ち主だったそうです。しかし、極めて口数が少なく、パーティーや会食の場でも、ほとんどしゃべらなかったといいます。その性格は離婚後も変わらず、頻繁に訪れるメディアの取材を一切拒否し、自分の妻だった頃のブリジット夫人のことは公にしませんでした。

前夫の葬儀はクリスマスの日にひっそりと行われました。マクロン夫妻は顔を見せることもなく、長女が全てを取り仕切ったようです。実は、12月17日にマクロン大統領は新型コロナウィルスに感染し、24日にはブリジット夫人も感染が確認されました。2人とも症状は軽かったわけですが、前夫アウジエール氏の無理して来なくてもいいよという無言のメッセージだったような気もします。

実は、ブリジット夫人は前夫と結婚式を挙げたのと同じ場所でマクロン氏との結婚式も行っていました。パリ北部の海辺のリゾートにあるタウンホールです。同じ式場で撮影された新婚のアウジエール夫妻と33年後のマクロン新夫妻の写真があります。地元の新聞に掲載されていました。

当時21歳のアウジエール夫人と54歳になっていたマクロン夫人は同じブリジットですが、驚くほどの変化は見られません。大きな違いはマクロン新郎が満面に笑みを浮かべているのに対し、アウジエール新郎はしかめっ面しか見せていなかったことです。あたかも自分の未来を悲観していたようにも見えます。しかも、3人の子供たちは、マクロン氏よりも年上の長男を含め、皆、マクロン氏に父親として寄り添うようになっていました。これもひとえにブリジット夫人の努力のなせる技に他なりません。

これまで詳しく紹介したように、ブリジット夫人は若さを保つためにあらゆる努力を惜しまないようですが、永遠の命が保証されているわけではありません。マクロン大統領より先にあの世に旅立つ可能性もあるでしょう。しかし、彼女が80歳でも90歳でも、マクロン氏は50代から60代の働き盛りです。であれば、まだまだ2人がフランスや世界の歴史を変えるチャンスはふんだんにあると言えるでしょう。状況次第では、マクロン氏とブリジット夫人の立場が逆転することもありうる話です。

ある時、ブリジット夫人は「私がいなくなっても私の分身がエマニュエルを守り続けるから大丈夫よ」と語っていました。その時は「ブリジット夫人ホログラム説（3次元映像でマクロン氏の側にいつまでもいる）」が冗談のように飛び交ったものです。彼女は「エマニュエルが私を虜にしたようにすれば、フランスを征服できるの」とささやき続けてきました。

こうした彼女のマクロン氏への強い思いを知れば知るほど、いくつになっても、はたまた彼女があの世に旅立った後も守護霊の如く見守るということになりそうです。ブリジット夫人は事あるごとに「私たちのラブストーリーに終わりはないの。なぜって？ それは2人だけの秘密！ 私たちは普通じゃないの。私は何にでも変身したフリができるのよ」と意味深な言葉を残しています。

それこそ、終わりのない2人の物語が紡がれるというわけです。「彼のためなら、あらゆることに細心の注意を払って、どんなことでも命がけで取り組むわ」と公言する彼女の頭の中には、自分が100歳になっても、あるいはいなくなった後の物語の筋書きすらも出来上がっているとしか思えない節があります。

もしそうであれば、これこそフランスの歴史どころか世界の歴史を大きく変える物語といっても過言ではないでしょう。取りあえずは、2022年の大統領選挙は「終わりのない旅の一里塚」でしかないはずです。想定外のどんでん返しが起きないとも限りません。その意味では、この2人の戦いがどのような展開を見せるのか、マクロン劇場の舞台回しには興味が尽きません。

ところで、2022年4月の大統領選挙を見据えて、マクロン大統領は「フランスにもイーロン・マスクのような経営者が必要だ。フランスの自動車産業を生まれ変わらせねばならない。2030年までにその土台を築かねば、フランスは没落する」と危機感を募らせています。

確かにルノーの本拠地のフランスですが、次世代の電気自動車や水素燃料車の開発では世界のライバルの後塵を拝したままです。すそ野の広い自動車産業のテコ入れを皮切りにエコビジネスへの支援策を掲げるマクロン大統領。そのためにも人材育成や移民の活用など、教育の拡充が欠かせません。そして、この分野こそブリジット夫人の出番とも目されています。

朝から晩まで一心同体でフランスの地位向上に取り組むマクロン夫妻ですが、どこまでフランスの産業を再生できるのでしょうか。ファッションやアートのセンスは他の追随を許さないカップルですが、未来ビジネスによる世界市場制覇を達成するには今以上に強力な翼のフル回転が求められるところです。

一方、突然、名指しをされたイーロン・マスク氏ですが、電気自動車「テスラ」の大躍進で、世界一の大富豪の座に返り咲きました。「ルノー」との合併あるいは買収工作もあり得るかも知れません。イーロン・マスク氏との連携をも想定した上でのマクロン発言のような気もします。いずれにせよ、フランスの常識を変え、世界に新たな夫婦道を示しているのがマクロン夫妻です。2人が掲げる「アンマルシュ（前進）！」の向かう先が気になります。

第四章

「年上の男」を
速攻で釣り上げた
「可愛いカワウソちゃん」
こと
キャリー夫人の権謀術数

奥さまは「キャリー・アントワネット」?

英国史上、最年少の「ファースト・レディ」の誕生

フランスのマクロン大統領は24歳年上の元教師のブリジット夫人に頭が上がりません。また、アメリカのトランプ前大統領は24歳年下の元ファッション・モデルのメラニア夫人とつかず離れずです。そして、イギリスのボリス・ジョンソン首相が3度目のファースト・レディに選んだのは、やはり24歳年下の環境保護活動家のキャリー・シモンズさんでした。3番目の夫人ということではメラニアさんと同じ立場です。

欧米の最高指導者には「24歳の年の差」が、何やら特別な意味を持っているのかも知れません。とはいえ、国家元首の夫人として際立って年が若いのがキャリーさんです。ジョンソン首相が2度目の妻と26年に及ぶ結婚生活を営んでいた時に、彗星の如く現れ、ジョンソン氏を魅了してしまいました。1988年3月17日生まれの33歳の才女です。

最初は「ファースト・ガールフレンド」と呼ばれていましたが、あれよあれよという間に、ジョンソン氏の子供を身ごもり、「ファースト・レディ」の座を射止めた「速攻夫人」に他なりません。ダウニング街10番地という首相官邸兼公邸に妻ではなく、交際中の恋人の身で移り住み、イギリスの政治に新たな1ページを書き加えたわけです。その後、キャリーはイギリスの歴史上、最年少の首相夫人となりました。

重要ポストの任命はキャリー夫人が指図

キャリー・シモンズはイギリスの名門ウォーリック大学で美術史と舞台芸術学を専攻しました。独特の美意識や政治を舞台芸術として捉える感覚を身に着けています。大学を卒業するや、ジョンソン氏も所属する保守党の広報部門に職を得ました。多くの政治家の「見た目」や「見栄え」を見事にアドバイスすることが評判となり、選挙の現場で引っ張りだこになったようです。

ジョンソン氏がロンドンの市長選に再選をかけて戦った時にも、選対本部で活躍していました。当時のジョンソン氏は今と比べ、はるかに肥満体で、チョコバーなど甘いものが手放せない「間食大好き人間」だったようです。また、洋服など身に着けるものには無頓着で、髪の毛もぼさぼさ頭で通していました。

そこに大胆に切り込んだのが「ブランド志向」に長けたキャリーです。先ずは、背広やズボンにアイロンをかけさせ、パリッとした見かけの良さを演出しました。髪の毛にもスプレーをかけさせ、できるだけ逆立たないように工夫を施したといいます。最も気を使ったのは食事でした。

しょっちゅう間食をし、チーズやチョコレートを口にしていたジョンソン氏をたしなめ、間食を減らし、食事も肉中心から、いわゆるオーガニックの野菜や果物を中心とする「ビーガン食」へ大転換をさせたのです。加えて、遠ざかっていたテニスや水泳も復活させたといいます。その効果は抜群で、ジョンソン氏の体重はみるみる減り、相当スリムな体型に変身しました。

とはいえ、後ほど紹介しますが、ジョンソン首相はコロナに感染し、生死の境を彷徨《さまよ》う事態に直面しました。当時、本人は「自分は史上最短期間の首相で終わりそうだ」と漏らしていたようです。

肥満体質がコロナの重篤化をもたらしたことは否定できず、奇跡的に生還した後は、それまで以上に食生活に気を配っています。大好きだったワインとチーズの量も大きく減らすことになりました。全てはキャリー夫人の采配の下で行われており、その意味では、彼女に勝る管理栄養士はいないでしょう。コロナに感染し入院した後は、しばらく健忘症の症状がありましたが、現在では何ともないようで、キャリー夫人も安心しているように見えます。

ジョンソン首相は最近では毎朝、5時には目覚まし時計で起床するとのこと。その後、ジョギングに出かけるのを日課にしているそうです。お気に入りのジョギングコースはバッキンガム宮殿内の公園やダウニング街の向かいに広がるランベス宮殿だといいます。

朝の運動を終えると、6時からは閣僚や上級顧問らにワッツアップ（欧米で人気の無料メッセージアプリ）で指示を発信するのがお決まりです。

夜は遅くとも11時にはベッドに入るという日課で、極めて規則正しい生活を心がけるようになっています。これもひとえにキャリー夫人の厳しい指導に従っているに違いありません。キャリーにとっては、環境保護のモデル国家を実現するにはジョンソン首相が長期政権を維持してくれることが前提条件となっているため、健康管理には殊の外、気を使っているようです。

実は、ジョンソン氏は「生まれつきの浮気男」、時には「ウソつきの常習犯」、はたまた「精神異常」とまで言われるほどの「異色の政治家」として名をはせていました。もちろん、これはジョンソン氏の専売特許ではありません。アメリカのトランプ前大統領はその分野では大先輩でしょう。そのため、イギリスでは「ジョンソン首相はイギリス版のトランプだ」と冗談めかして言われることもしょっちゅうです。

しかし、日本では意外に思われるかも知れませんが、歴史と伝統の鑑のように見られるイギリスの政界では不倫は日常茶飯事です。ネタが尽きないため、マスコミもあの手この手で政治家の不倫スキャンダルを追いかけています。とはいえ、この「古き良き伝統」も時代の波には乗り遅れたようです。特に、近年ではメディアや世論が厳しく、ジョンソン政権でもハンコック保健大臣をはじめ何人もの閣僚が、女性問題で辞職を余儀なくされてきました。

唯一、気を吐いて女性との浮名を流し続けているのがジョンソン首相と言えます。しかも、意外なことに、女性問題で辞任したり、職を失った高級官僚の穴埋めに新たに指名されている人物は皆、キャリー夫人の知り合いで占められているのです。そのため、巷では「キャリーがイギリスの政治を動かしている」との観測まで出ています。

平気で真面目にウソをつくので憎めない？

いずれにせよ、そんな病的なまでの浮気性の男を結婚相手に選んだというのは、選んだ側に相当な覚悟と魂胆があったに違いありません。ジョンソン氏は3度の結婚を重ねていますが、キャリーさんと出会う前には妻以外に多くの女性と浮名を流しており、子供の数も公になっているのは6人ですが、「隠し子が何人いるか分からない」と言われているほどです。ちなみに、ジョンソン氏の最初の妻アレグラはオックスフォード大学時代の同級生で、有名なオークション会社「クリスティーズ」のオールド・マスター部門の責任者の娘でした。

2番目の妻はジョンソン氏とは幼馴染で、名うての法廷弁護士でした。この2番目の妻となったマリナ・ウィーラー前夫人によれば、ジョンソン氏は「性的犯罪者の傾向が顕著である」とのこと。しょっちゅう浮気や不倫を繰り返すため、その都度、家から追い出したそうです。

このウィーラー前夫人に言わせれば「ボリスは夫としては失格ですが、元夫として付き合うには楽しい男です」とのこと。いずれにせよ、イギリスの政界やメディア界ではジョンソン氏の病的な性犯罪的行為はよく知れ渡っていました。何しろ、ジョンソン氏はウィーラー前夫人との関係を続けながらも、労働党の重鎮であったワイアット卿の娘ペッツイーともできてしまうのです。

ペッツイーによれば、ジョンソン氏の口癖は「1人の男が1人の女だけに拘るのは理性的ではない」という勝手な理屈だったそうです。このペッツイーもジョンソンの子供を妊娠したのですが、ジョンソンの暴言には愛想を尽かしたようで、堕胎する道を選んだのでした。

また、ロンドン市長の時代にはもっと頻繁に浮名を流していたものです。最も注目を浴びたのは美術収集家で中東に多くの顧客を抱えるヘレン・マッキンタイヤーさんとの逢瀬でしょう。名うての美術商であったヘレンはジョンソン市長を高級レストランで大いに楽しませたようです。

ロンドンには中東の産油国から大富豪が頻繁にショッピングにやってきます。市長からの一声があれば、彼らはヘレンの所有する高額の美術品をいくらでも買ってくれるわけで、お互いにウィンウィンの関係を築いたようです。そうした親密な関係もあってか、2009年、ヘレンはジョンソン市長との間にできた女児を出産します。ジョンソン氏が最も可愛がっていると評判のステファニーです。

更には、ペッツイーだけでは満足できなかったようで、アメリカの女性ハイテク起業家のジェニファー・アーキュリーさんもジョンソン氏がロンドン市長時代に4年間も愛人関係にあったことを暴露しています。彼女によれば、「私たち2人はシェークスピアの作品を読みあった後に交わるのがいつものパターンでした」とまで、詳細な性的関係を告白したため、大きな話題となりました。

ジェニファー曰く「最近、彼は3度目の結婚をしたようですが、ボリスの本性は変わっていないと思います。彼は権力の座を維持するためなら、仮面を被ることくらいは平気ですから」。

アメリカ人であるジェニファーに言わせれば、「ボリスのせいで、イギリスは覆面国家になったようね」。

彼女が言うように、イギリス国民はジョンソン首相の仮面に騙されて、彼の言動には問題を感じていないのかも知れません。何しろ、伝記作家に言わせれば、「今世紀最大の女たらし」とまで言われています。見方を変えれば、平気でウソをつくジョンソン氏ですが、「真面目にウソをついているので憎めない」という側面があるようです。これは「パワー・ブローカー」として背後で操るキャリー夫人にとっては好都合でしょう。

72人の処女とやった？

もろもろ、女性関係では話題の尽きないジョンソン首相ですが、3番目のキャリーと結婚した後も、26年も結婚生活を営み、4人の子供を設けたウィーラー前夫人のことが気になるようで、離婚した後にウィーラーさんが出版した『The Lost Homestead』（失われた自作農場）をキャリー夫人に隠れてこっそりと首相公邸で読んでいるといいます。

そもそも、イギリスでは政治や政治家の発言に関心を寄せる国民は少数派です。政治家が都合の良いウソをつくのは当たり前で、どうという事はない、と受け止められているわけです。次々に金銭や不倫にまつわるスキャンダルが暴露されるため、国民も「またか」とばかり、気にも留めないものと思われます。

中でもジョンソン氏の場合は、暴言や失言のオンパレードで、余りに頻繁に繰り返されているために、皆が気にしないような状況が生まれているようです。コロナ騒動の真っ最中であっても「感染者の死体が山積みになっても、俺の責任じゃないだろう」と居直っていました。ある意味では、ジョンソン首相にとっては「女性関係」と「暴言」そのものが、魔除けの効果を発揮しているようです。本人はそう本気で信じている節があります。

子供の頃から、「夢はイギリスの首相になること」、そして「その次は世界の王になる」と心に決めていたと自慢するジョンソン少年でした。しかし、それ以上の夢が「好きな女性と一緒になる」というわけで、次々に女性に魅了されるという人生を歩んできています。本人曰く「俺はできそこないのクリスチャンだろうな」。

現夫人のキャリーの場合だけではなく、2番目の奥さんマリナとは最初の奥さんでオックスフォード大学時代の恋人だったアレグラと結婚していた時に関係を持ち、キャリーと同じように、前妻と離婚する前に子供を産ませていました。結婚に至らなかったものの、付き合って子供を産ませた女性は何人もいるようです。

政治家に転身する以前、ジョンソン氏は新聞やテレビの世界で活動していました。本も出版しています。中でも世間が衝撃を受けた本は、その題名が『72 Virgins』というもの。72人の処女との性体験を綴った作品で、自らの体験談の体裁を取っています。要は、世間をあっと言わせることで、危険も顧みないという性格を見事に表しているわけです。

ジャーナリストであろうと、政治家であろうと、はたまた一国の首相であろうとも、「一つの失敗が命取りになる」と言われる中、「たくさんの失敗を重ねていれば、それが独自のスタイルとして受け入れられるようになる」というのが、ジョンソン氏の哲学のようです。そもそも、ジョンソン氏は幼い頃から、父親の不義姦通を間近に見ながら育ったことを自慢しており、通常の倫理観とか一夫一婦制などには囚われるようなことはありません。

日本では「英雄色を好む」と言われてきましたが、最近の政治指導者の間では、あまり浮いた話は聞かなくなりました。真面目な政治家が多くなったのかも知れませんが、欧米の政治リーダーと比べると、真面目なのは今一つ話題性や魅力に欠けるとの指摘もあります。

ジョンソンを変身・進化させた鯨好きな動物愛護妻

いずれにせよ、注目に値するのは、そんなジョンソン氏を籠絡したキャリー夫人の速攻力と突破力です。彼女はそれまでの2人の前妻とは大いに違っています。自分なりの強い意思と人生の目標を持って、ジョンソン氏を釣り上げたからです。

名門大学を卒業し、即就職した保守党の広報の仕事を通じて、将来の有望株の政治家を物色していたことは間違いありません。しかも、彼女の父親も祖父もイギリスの新聞業界の大物でした。父は『インディペンデント』紙の創業者で、母親は同紙の専属弁護士というインテリ一家です。キャリーは大学に入学するまで、高額な授業料で知られるロンドン市内の私立の女子校に通っていました。裕福な家庭で生まれ育ったことは一目瞭然です。

大学生になると、いくつものPR会社でインターンを経験しています。大手広告代理店では政治コミュニケーション部門でも仕事を体験しました。そのため、当初はファッション業界に関心を抱いていたようですが、徐々に政治の世界に魅力を感じるようになったわけです。10代の頃から、両親を通じてイギリス政界のゴシップやスキャンダルには馴染んでいました。

とはいえ、大学1年生の時には悪名高いレイプ魔のタクシー運転手に騙され、車の中で強烈なお酒を飲まされて、意識不明状態になるという苦い経験をしています。この運転手は余罪も多く、間もなく逮捕されたのですが、その裁判でキャリーは犯罪を立証するための証言を厭いませんでした。

更には、その男が雇った弁護士が刑務所での収監期間を短くするよう働きかけたため、キャリーは署名活動を起こし、その動きを封じ込めることに成功しました。その時、彼女は「それまで味わったことのない達成感を得ました」と語っています。2018年のことでした。この一件からも、彼女が女性の立場を守り、正義を貫くためには身体を張って立ち上がるという気概と行動力の持ち主であることがうかがえます。

そうは言っても、通りすがりのタクシー運転手に声をかけられたからといって、気楽に乗ってしまうのは、いささか無防備過ぎるようにも思えます。「若気の至り」ということでしょうか。それにしても、後々、彼女が示す強《した》かな行動パターンとは乖離しています。

その後、無事に大学を卒業し、保守党の広報部門で仕事をする中で、議会やメディアの世界にも人脈を広げて行ったわけです。それこそが「ＦＯＣ」(Friends of Carrie) と呼ばれる、キャリーの仲間集団のベースに他なりません。

彼女はジョンソン氏がロンドン市長を務めていた時、その再選キャンペーン「バック・ボリス２０１２」に加わりました。キャリーの狙いは明らかです。ボリス・ジョンソンという一風変わった政治家の弱みと可能性を研究し、彼を強い政治家に変身させることで、自分の思い描く「理想の世界」を実現することに思いを馳せたのです。では彼女にとって、理想の世界とは、どんなものでしょうか。

彼女の言葉を借りれば、第一に、持続可能なエネルギー政策を通じて自然と共に生きる社会を生み出すこと。また、海洋汚染を引き起こしているプラスチック公害を減らそうとしています。また、キャリーとは別の観点からプラスチック公害対策を考えているのがジョンソン首相です。曰く「プラスチック公害を減らすため、俺はコンドームを使わない」と公言しているのですから。

また、彼女の自然や動物好きは有名です。父親と一緒に「日本の捕鯨反対」の集会に参加し、「動物愛護」を訴えたり、安倍晋三氏が総理の頃、「捕鯨中止」の直訴状を届けたという活動家でもあります。

日本が鯨やイルカを捕獲しているのは残虐行為であるから、「そうした古い伝統は捨てさせるべきだ」と、様々な機会に世界のリーダーに呼びかけて、日本への圧力を強めています。ヒラリー・クリントン夫人にも直訴したことがありました。キャリーは絶滅危惧種の動物を保護する慈善団体「アスピナル財団」でも仕事をするようになります。

第二に、男女の差別をなくしてSDGsな社会を実現すること。ジョンソン首相の就任後初の演説で「動物愛護」、「男女同権」、「環境保護」に言及したことは、キャリー夫人のインプットがあったことは間違いありません。

なぜなら、ジョンソン氏は彼女と付き合う前には、そのような発言は皆無だったからです。キャリーもその一員である「若い有権者」の関心に沿った主張や政策を巧みに取り込んだわけで、その効果は抜群でした。

そうした若い世代を代表するキャリーのインプットもあり、ジョンソン首相の言動は日々、進化を遂げています。キャリーはボリス・ジョンソン首相を「熊のボッジー」(Bozzie Bear)と呼び、ボリスは彼女を「可愛いカワウソちゃん」(Little Otter)と呼んでいるそうです。

この「カワウソ」というか「ラッコ」の影響もあって、「熊のボッジー」はそれまで関心外だった「国際婦人の日」のイベントにも目を向け、メッセージを送るようになりました。ジョンソン首相曰く「自分がこれまで最も影響を受けた女性はパキスタン生まれのマララさんです」。この意外な発言には、皆が驚かされたものです。

また、ジョンソン首相は女性が使う生理用品への税金をゼロにするという法案も通しました。キャリーは最も親しい仲間の女性活動家ニムコ・アリの力を借りて、メディア向けに「ジョンソン首相は本物のフェミニスト」と銘打ったキャンペーンを推進しています。ニムコを内務省の顧問に据え、様々な女性支援活動の展開を後押しさせているわけです。そのお礼でしょうか、ニムコはイギリス王室勲章を授与されることになりました。

エコ妻はさらに「ジョンソン首相改造計画」を進めていく

要は、「怖いものなし」のキャリー夫人と、彼女が率いる「FOC」なる軍団が隠然たる影響力を行使していると見て、間違いありません。キャリーにとっては、自らが政治家になるのではなく、自分の思いを受け止め、自分の理想を実現してくれる政治家のパートナーが大事だったのです。今や、周囲が認めざるを得ないほど、彼女は「ダウニング街の真の支配者」と異名を取るほどになっています。

そのため、彼女はあらゆる手立てを講じて、「ジョンソン首相改造計画」を進めています。

動物福祉担当大臣でキャリーの組織した「FOC」の一員でもあるゴールドスミス卿を動かし、動物愛護を加速する新たな法律を次々と成立させました。その結果、ロブスターは生きたままでは茹でることができなくなり、フォアグラも全面的に禁止されたのです。

また、彼女の提案で、生きた動物を海外へ輸出することや、サルをペットとして飼育することも禁止される方向になってきました。更にキャリーが熱心に取り組んだのはニワトリの飼育環境の改善です。動物福祉財団と連携し、産卵のために集団で鳥籠に押し込められているニワトリに自由を与えるという活動を推進しています。「2026年までにニワトリを檻から解放する」というのです。

こうした動物愛護の新機軸はそれまでの保守党では考えられなかった政策です。キャリー夫人の入れ知恵なくしてはあり得なかったことでしょう。キャリーの動物好きは有名です。首相公邸にはキャリーの愛犬ディリンや猫のラリーが同居しています。こうした動物は持ち主がいなくなったものを慈善団体から譲り受けたものです。

キャリー曰く「ディリンとウィルフレッドは兄弟」。ウィルフレッドとは、彼女とジョンソン氏の間に生まれた長男です。それだけ愛犬と長男のウィルフレッドは仲良くしているようですが、郊外にある首相専用の別荘に連れていかれると、ディリンは羽目をはずしてしまい、アンティークの家具や古くから伝わる書籍を噛んで傷つけることがよくあるそうです。

その都度、ジョンソン首相は修理代を負担せねばなりません。どうやらキャリーの愛犬に対するしつけはあまり上手くいっていないことは、この一件からも明らかでしょう。一方、長男のウィルフレッド君はまだ1歳ですが、2021年6月にイギリスの景勝地コーンウォールで開催されたG7サミットで、キャリー夫人が進めた「オムツ外交」の大事な役割を演じました。

どういうことかといえば、G7の首脳会議が開幕する直前、キャリー夫人がアメリカのジル・バイデン夫人と共に会場近くの海岸を散歩した際に、ウィルフレッド君も仲間入りしたのです。母親としては70歳のジル夫人は大先輩ですが、母親になったばかりのキャリーはジル夫人と裸足になって海辺を歩きながら、打ち解けた雰囲気で会話を楽しんでいました。

その時、2人のファースト・レディの間にちょこんと座り、愛嬌を振りまいていたのがオムツをしたウィルフレッド君です。その様子は全世界に発信され、「オムツ外交」として話題となりました。このG7でもキャリー夫人は会場に隣接する海洋博物館や野外劇場を使って各国のファースト・レディやファースト・ハズバンドをエコな環境でもてなしたものです。

というのも、キャリーは自称「筋金入りの環境保護活動家」でもあるからです。彼女は2019年8月の「バードフェアー」の式典で演説をしました。その時、熱心に訴えたのは「政治家には環境を大切に保護する重大な責任がある」というメッセージです。

当時は、保守党の広報の仕事から手を引き、アメリカの環境保護団体である「Oceana」の広報担当の仕事に就いていました。ロンドンの支部で活動を展開しており、海洋や海の生き物を守る運動に取り組んでいたものです。

「バードフェアー」で演説をする機会を得たことで、キャリーはバードウォッチングにも関心を寄せることになりました。北方の海鳥であるツノメドリの生息地を訪ねたりしたものです。そうした活動を通じて、鳥たちが捕獲され、殺される場面に遭遇し、大いに憤慨したようです。その後は海の生物に加えて、鳥類の保護にも目を向けるようになったと言います。彼女は若い世代に熱心に訴えかけを続けました。「若者の間では自然や環境に心を寄せてくれる層が増えているので、心強い」と語っています。

キャリーの凄いところは、そうした自然保護の演説を行う際には、花柄のド派手なドレスを身に着けて登場したことです。しかし、その洋服の素材にはこだわりを見せています。地元で採れた綿を使い、環境汚染の原因となるマイクロチップや染料を一切使っていないエコ・フレンドリーなブレンド生地を活かしたドレスを着るのです。

日常生活を通じて、エコに配慮したライフスタイルをアピールするという作戦です。多くの若者から賞賛と支持を得ることになったことは言うまでもありません。キャリーはジョンソン首相と２０２１年５月30日にこっそりと結婚式を挙げた際にも、ウェディングドレスはレンタルに拘りました。イギリスでは過去２００年に遡っても、現職の首相が在職中に結婚式を挙げるのは初めてのこと。

コロナ感染が広がる中で、派手なお祝いやパーティは先延ばしになったようですが、思い出に残る結婚式やＧ７サミットの会合に出席する時にも、レンタル・ファッションで通しています。

こうした新感覚のファッション・スタイルを追求する姿勢を見せることで、若い世代を味方につけ、選挙の際にはジョンソン氏の保守党を支持するように仕向けるのがキャリー・スタイルなのです。キャリーはウェディングドレスを45ポンドでレンタルしたことが話題となり、「レンタルドレスのヒロイン」とまで異名を取っています。

アフガンの動物を救えの「雌叫び」

更に世界が注目したのが「アフガニスタンからの犬と猫の救出作戦」でした。２０２１年８月、アメリカ軍やＮＡＴＯ軍がアフガニスタンから撤退する際に、多くの犬や猫が置き去りにされました。爆発物や麻薬を嗅ぎ分ける探知犬は兵士と共に搬出されたのですが、それ以外の動物は放置されつつあったのです。当初、イギリスの国防大臣は犬や猫を運び出すことには反対していました。「人間を最優先すべきだ」との考えからです。

しかし、動物愛護運動を長年続けているキャリー夫人が介入してきたため、急遽、方針を転換し、数百匹の犬や猫をカブール空港から救い出し、イギリスに無事、連れてきました。アフガンに残されていた犬猫にとっては、キャリー夫人は「命の恩人」以外の何者でもありません。

そうした彼女の「ジョンソン操縦術」は批判も呼んでいます。

「選挙で選ばれたわけでもない女性が国を動かしている」「彼女の言動には国家運営を危うくするリスクがある」「キャリーの思想やジョンソン首相との関係を調査すべきだ」

そんな声が与野党を問わず、聞かれるようにもなりました。

とはいえ、キャリーは「FOC」の親しいジャーナリストや政治家の応援を頼み、そうした批判や懐疑的な声を一つ一つ潰していくのです。例えば、スポーツ大臣を務めたトレーシー・クロウチ氏は「キャリーを批判する連中はインテリの女性に恐れをなしている嫉妬深い小男集団に過ぎない」とキャリーへの援護射撃を欠かしません。

キャリーは週末になると、首相専用の郊外の別荘に友人たちを招きます。そして、お手製の料理や大好きなワインでもてなすのです。そうした接待攻勢でシンパを増やし、FOCの拡大を図っています。まさに、権謀術数の最たるものでしょう。

もともと、ジョンソン氏は偏屈な性格のため、友達があまりいませんでした。その結果、ジョンソン首相の周りにはキャリーの息のかかった人物しかいなくなってきました。彼女のことを警戒したり、批判するような側近は次々に首を切られてしまうのです。今では、表向きジョンソン首相を咎めたり、諌めたりする内輪の人間は皆無に近い有様になっています。まさにキャリーの天下と言えそうです。

しかも、この別荘にキャリーはジョンソン首相が前妻との間に作った4人の子供を招待しました。父親が自分たちを捨てて、若いキャリーの元に行ってしまったことで、4人の子供たちは驚くと共に、父親不信に陥っていたようです。ジョンソン氏がいくら誘っても、4人の子供たちは会うことを拒否していました。

そこで、キャリーは自分の息子が生まれた機会に、前妻の子供たちと自分の生まれたばかりの息子を会わせるというアイディアを実行しました。母親は違っても5人は兄弟というわけです。その結果、どうやら4人の子供たちはキャリーにほだされ、父親のジョンソン氏とも仲直りしたと言います。

本心は分かりませんが、子供たちにとってもキャリーは魅力的な存在と映ったに違いありません。そうしたキャリー夫人のやり口は、代々、イギリスのメディア界を牛耳ってきたシモンズ家の血筋が影響しているのでしょう。相手を巧みに取り込む話術には代々の遺伝子が働いているように思えます。

「キャリー・アントワネット」と揶揄されるように

例えば、2019年7月、ジョンソン首相がダウニング街の公邸に単身で移り住むことになった時のことです。まだ、結婚に至らず、「ファースト・ガールフレンド」であったキャリーは、公邸の壁紙を公費で一新させました。首相が交代すると、毎回、新首相は内装を変えるのが習わしになっています。

美術や舞台装飾に詳しいキャリーは「待ってました」とばかり、それまでのメイ首相の残した家具や装飾品を一掃しました。何しろ、マーガレット・サッチャー元首相の娘によれば、「首相公邸は鉄道の客車のような場所」と言われてきたようで、歴代のファースト・レディには悪評プンプンの古めかしく、狭くて居心地の悪い住居だったようです。

キャリーはカーテンの色を変えたり、本棚を取り除き壁にモダンな絵画を飾ったりと、大改造に挑戦したわけです。しかし、最も注目され、更には物議を醸したのは、特注の金の壁紙で室内を別世界に変えてしまったことでした。「黄金の間」ならず、「黄金の首相公邸」が誕生したのです。

これにはメディアからも疑問と批判が相次ぎました。なぜなら、国民の税金から出資が認められていた経費は3万ポンドであったにもかかわらず、彼女の采配で行われた衣替えの費用は20万ポンドを超えたからです。通常の7倍近い経費がかかりました。

もちろん、キャリーは予算の上限のことなど、全く気にしていなかったようです。また、ジョンソン首相自身も、キャリーの機嫌を損ねないように気遣ったに違いありません。そのため、一時は「キャリー・アントワネット」と揶揄されたものです。浪費癖で知られるフランスのマリー・アントワネットを模したあだ名に他なりません。

ジョンソン首相にとっての問題は差額をどう埋め合わせるかでした。当初は、「保守党が負担する」、「支援者からの寄付で賄う」、「専用のファンドを立ち上げる」など、様々なアイディアが出たようですが、いずれも法的に問題があるということで、最終的にはジョンソン首相が個人負担することで決着を見ました。

とはいえ、首相は側近に対して「そんな大金をどうやって工面しろというのだ」と愚痴っていたそうです。そのため、ジョンソン氏は所有していたマンションを売りに出したと言われています。というのも、当時、ジョンソン氏は2度目の夫人との離婚調停中で、和解金400万ポンドを工面せねばならず、懐具合はスカスカだったからです。

ある意味で、ジョンソン氏は金欠状態に陥っていたと思われます。キャリーにとっては「陰気臭い公邸に輝きをもたらす」、「首相のやる気意識も高まり、国民にとってもプラス効果が期待できる」と、「黄金効果」を重視したようですが、一般国民の感覚とは相当なズレがあるようです。身の丈に合った生活スタイルとは、とても思えません。

しかも、キャリーは公費での支払いを拒否した財務担当の女性職員を首にするようジョンソン首相に迫ったと言われています。一連の騒動は「キャリーのクーデター」と称され、イギリスのメディアを大いに賑わせたものです。

しかし、当時は「これでジョンソンの政治生命も終わった」とまで話題となった「金の壁紙騒動」でしたが、キャリーとの結婚が正式に決まり、極秘の結婚式が挙行されたとの報道が相次ぐと、関心はそちらに移ってしまったようです。

何しろ、イギリスの歴史上、現職の首相が結婚式を挙げるというのも異例中の異例の出来事だったわけですから。

夫(ジョンソン)はトランプのクローン?

更に、追い風となったのは、長男の誕生というニュースでした。しかも、その後、2度目の妊娠をしたのですが、これは流産してしまったとのこと。しかし、「2021年のクリスマスの頃には次の出産がある」というわけで、「レインボー・ベイビー」誕生への期待が盛り上がるなど、慌ただしい限りです。欧米では流産の後、無事生まれてきた次の赤ん坊を「レインボー・ベイビー」と呼んでいます。実際、キャリーは女児のロミーを出産しました。

しかも、その間、決定打となったのは、ジョンソン首相のコロナ感染でした。救急治療室に運ばれ、一時は生命の危険も危ぶまれる事態が発生したのです。妊娠中だったキャリー夫人も感染したのですが、大事には至らなかったようです。それやこれやで、「金の壁紙騒動」は雲散霧消してしまいました。

なお、後日談ですが、この金の壁紙は半年ほどで剝がれ始めたようで、補修工事が相次いでいるとのこと。そのため、追加の経費が発生しているのですが、当初、ジョンソン首相が「ポケットマネーで負担する」と言っていた費用もいまだ清算が終わっていないようです。

そのため、改めて、ジョンソン首相夫妻への責任追及が行われることになるに違いありません。何やら、ジョンソン夫妻の行く末を暗示しているような気もします。

しかも、このところイギリスの政界は大揺れしています。２０２1年11月には、国連主導のＣＯＰ26をイギリスのグラスゴーで開催したばかりですが、イギリスでは環境問題やコロナウイルス対策と称して、政府の資金が特定の政治家の係わる企業に横流しされていたとのスキャンダルが相次ぎ、ジョンソン首相は防戦一方です。

同首相曰く「イギリスは汚職国家ではないはずだ、議会も政府機関も腐敗しているとは思わない」。とはいえ、元愛人による「浮気と不倫三昧」を糾弾する新たな暴露発言もあり、信用ガタ落ちのジョンソン首相です。政治家になる前はジャーナリストでもあり、テレビのニュース解説番組でも持ち前の辛辣な発言で人気を博していました。

その点で言えば、メディアの内情には精通しており、「どんなニュースでも賞味期限はごくごく短いもの」と悟っているようです。ジャーナリスト時代にも多くの逸話が残っています。

有名なものでは、大学卒業後に最初に就職した新聞の『ザ・タイムズ』の1面に書いた記事の中に勝手に身内である歴史学者ルーカス卿《きょう》の発言を捏造して引用したことでしょう。事が発覚すると、「鼻水をすすりながら、細かな事を詮索する歴史家とやらのたわごとだ」と一笑に付してしまいました。しかし、これはタダでは済まされず、「フェイク・ジャーナリズム」の最たるものとの批判を受け、結局、辞職する羽目になったのです。ところが、ジョンソンは即座にライバル会社の『デイリー・テレグラフ』に再就職を決めました。

その後も、順調に出世し、何と保守系の人気雑誌『スペクテーター』の編集長にまで上り詰めたのです。

アメリカのバイデン大統領曰く「ジョンソン首相は肉体的にも感情的にもトランプのクローンだ」。妻や愛人選びでも、世間の目やメディアの批判など、全く気にしないのです。キャリー夫人にとっては頼もしい限りでしょう。

キャリー夫人のあだ名は「気のふれたプリンセス」

ところで、ＣＯＰ26の開催中の2週間、ジョンソン首相の率いる保守党はコロナ用のワクチン購入に関する利益誘導に関して厳しい批判を受ける事態に追い込まれました。パターソン大臣が職権を乱用し、自らが顧問契約をしている2つの企業へコロナの検査業務を1億3300万ポンドも発注させ、私的な利益を得ていたというわけで、結局、議員辞任に追い込まれてしまったのです。

とはいえ、キックバック問題が発覚した当初は、パターソン大臣は30日間の登院禁止処分だけで済まされるはずでした。ジョンソン首相も保守党の議員も、「よくあること」とパターソン大臣には同情的だったのです。

実は、イギリスでは国会議員の兼職が認められています。そのため、360人の保守党の国会議員の内、90人以上は別の仕事を兼務し、そちらからも収入を得ているようです。

労働党の場合には兼職議員は3人しかいません。

与党の保守党の閣僚経験者は特に派手な利益誘導活動に熱心に取り組んでいます。そのため、ジョンソン首相はこうした問題にメスを入れる姿勢を見せていたのですが、仲間内のパターソン大臣には甘い態度を見せたことで、保守党議員の地元選挙区から猛反発を招いてしまいました。そのため、厳しい態度で臨むことになり、結局、パターソン大臣は自ら辞職する決断をすることになったわけです。

もちろん、辞任にまで発展した背景には、イギリスのコロナの感染死者数が15万人を超えるというヨーロッパでも最悪の状況に陥っていたことがあります。それだけ深刻な事態に直面していながら、その対策としての感染検査で大臣が私腹を肥やしていたとなれば、ただでは済まないでしょう。

ところが、ジョンソン首相は一時、自身が感染し、明日の命が見通せないほどの危機的状況に陥ったことがありながら、コロナのパンデミックで大儲けしている身内の大臣の行為に目を瞑《つぶ》ろうとしていたわけです。ジョンソン首相の口癖は「俺は特殊な利害関係には関心がない」というもの。無関心であるがゆえに、何でもあり、というのでしょうか。

一事が万事で、ジョンソン首相の「前言翻し」癖は有名です。午後の閣議で決定したことが、夜の9時には得意のワッツアップで「考えが変わった」と連絡が入ることがザラだと言います。内部告発によれば、その最大の理由は「キャリー夫人が反対したからだ」というもの。「Uターン政府」と揶揄される所以です。

こうした状況が続けば、不平不満分子が反対の狼煙《のろし》を上げるのも時間の問題かと思われます。そうした反乱の動きを事前に察知し、表沙汰になる前に消していくのがキャリー夫人の役目とも見なされているようです。とはいえ、彼女も万能ではありません。

COP26のグラスゴーの会場やその直前のローマで開催されたG20の会場ではジョンソン首相は傍にキャリー夫人がいなかったので、今一つ精彩を欠いていました。環境保護の活動家であるキャリー夫人がCOP26の会場に顔を出さなかったのは不思議です。

というより、ジョンソン首相はキャリー夫人のためにCOP26に参加するための公式の肩書を用意しようとしたのですが、首を切られた前首席補佐官のカミングス氏らの反対で潰されたと言われています。しこりが残っているに違いありません。恐らく、キャリーがロンドンを離れられなかったのは、不満勢力による不穏な動きがあったからと推察されます。

何しろ、キャリーが首相官邸に乗り込んでくるまで、ジョンソン首相の首席補佐官として最も信頼されていた「右腕」のドミニク・カミングス氏の首を切ったのはキャリー夫人でした。それ以来、カミングス氏はあらゆる機会を捉えて「キャリーは気が狂っていて危ました。「イギリス政治を破壊する」と各方面に訴えています。辞職を余儀なくされた時、表向きは「キャリー夫人のご健闘をお祈りしています」とエールを送るポーズを見せていましたが。

しかし、イギリス政界では、このメッセージは「仕返しをしてやるから覚悟しろ」との意味が込められている、との受け止めが専《もっぱ》らとなっています。果たして、どのような仕返しが行われることになるのでしょうか。そうした仕返しを恐れてか、ジョンソン首相はカミング氏に対して国家貢献賞を授与するという懐柔策を持ち出しているようですが、効果のほどは疑問です。

なぜなら、カミングス氏はジョンソン首相の弱みをいくつも握っている節があるからです。例えば、「ジョンソン首相は将来、国王になると語っていた」とか「ジョンソン首相はキャリーが頻繁に海外を訪問できるような政府の要職に就かせる方法を考えろと指示をした」といった内輪話のネタを事あるごとにリークしています。

また、カミングス氏の仲間で、官邸のコミュニケーション部門の責任者であるリー・ケイン氏曰く「キャリーは日に20回はジョンソン首相に電話をかけてきます」。何かあると、ジョンソン首相に耳打ちし、前言を覆えさせるため、首相の側近の間でもキャリーを煙たがるスタッフが出始めているようです。彼らがキャリー夫人に付けたあだ名は「気のふれたプリンセス」とのこと。

「可愛いカワウソちゃん」よ、何処へ？

同じく、キャリーと共に、「ブレグジット（EUからの離脱）キャンペーン事務局」で働いた経験を持つニック・コナー氏は「選挙で選ばれてもいないキャリーが政策に口を出すことは民主主義を破壊することにもなりかねない」と批判を強めています。現在、コナー氏はシンクタンク「Bow Group」の研究員を務めていますが、キャリー夫人の責任の所在を調査する独立委員会の設置を求めているほどです。

要は、こうした恨みを抱えた「アンチ・キャリー派」が誕生しつつあるわけで、史上最年少のファースト・レディも決して安泰というわけではありません。彼らは、ジョンソン首相を追い落とす上で、首相の最大のアキレス腱はキャリー夫人と見なしているからです。動物愛護や男女平等政策だけで、どこまで反対派を押さえ続けることができるのでしょうか。これから、キャリーの役割を巡って、両陣営のせめぎ合いが益々熱を帯びていくに違いありません。

ジョンソン首相は独特の感性の持ち主です。ジャーナリストから身を起し、政治家として首相の座を手にしました。彼の持ち味は、「国民が耳をそばだてて聞きたいと思うような夢を語ること」にあります。語る場所や相手によって、中身はコロコロ変わるのが常です。話す内容が常に変わったり、ウソも散りばめられているのですが、聞く人が引き込まれるような情熱があるため、多くの有権者は心を動かされるようです。

キャリーと一緒になったことで、「語る夢や物語」の幅や奥行きが広く、かつ深くなってきています。反対派や懐疑派も負けてはいないはずですが、現状ではキャリーと共に紡いでいる「ストーリー」が勝っていると言えそうです。

こうした「キャリー・ストーリー」を主要メディアに効果的に流すため、彼女は「インディペンデントTVニュース」のディレクターだったサラ・ボーガン・ブラウンを雇いました。情報戦を展開する上での強力な助っ人に他なりません。

2024年の総選挙で、保守党が政権を継続することになるのか、あるいは労働党による巻き返しが実を結ぶのか、コロナ禍で貧富の格差も拡大し、社会の分断化が進むイギリスです。ジョンソン首相の手腕が問われています。いずれにしても大きなカギを握っているのは24歳年下の「可愛いカワウソちゃん」であることは間違いなく、「イギリス政治の今」を象徴していると思われます。

そんな矢先のこと、ジョンソン首相夫妻に今までで最大のピンチが訪れました。いわゆる「パーティーゲイト」に他なりません。何かといえば、新型コロナウィルスの急拡大でイギリス全土にロックダウン宣言が発せられ、外出はおろか、人と会うのも最大限2人までとの制限が課されていたにもかかわらず、ジョンソン首相のお膝元である「ダウニング街10番地」、すなわち首相官邸で頻繁に飲食を伴うパーティーが開かれていたことがメディアによってすっぱ抜かれたからです。

例えば、2020年5月15日、この日は夕刻から官邸内のバルコニーや庭園でジョンソン夫妻も参加して30人余りでワインとチーズでご苦労さん会が開かれました。ジョンソン首相曰く「自分がその場にいたのは25分間だけだった。しかも、公務の一環と理解していた」。要は、コロナ対応で疲労がたまっているスタッフを激励しただけだというわけです。

また、2021年4月16日、この日はエリザベス女王の夫エディンバラ公フィリップ殿下の葬儀の前日でもあり、国を挙げて喪に服していたのですが、官邸のスタッフが会食をしながら未明まで大騒ぎに興じたといいます。しかも、官邸の絨毯の上にワインがこぼれ、首相夫妻の息子の愛用していたブランコも壊されたそうです。

表向きはジョンソン首相の広報部長だったジェームズ・スラック氏の送別会でした。この時には官邸のスタッフが近所のスーパーに買い出しに出かけ、スーツケース一杯のワインを調達してきたとのこと。ちなみにスラック氏はその後、大衆紙『ザ・サン』の副編集長になっています。このパーティーにはジョンソン首相夫妻は参加していませんでした。

しかし、それ以外にもジョンソン首相が関係するクリスマスパーティーやクイズパーティなどの情報が漏れ聞こえてきたため、「首相の管理監督がずさん過ぎる」との非難が沸き起こったのは事実です。そのため、ジョンソン首相も「これはまずい」と思ったようで、官邸スタッフに指示をし、バッキンガム宮殿にお詫びの電話を入れたと釈明に追われていました。

とはいえ、国民にはコロナの感染拡大を封じ込めるために、行動の自粛を要請していながら、自分たちは好き勝手しているとの批判は高まる一方です。野党からはジョンソン首相の辞任を求める動きも加速してきました。

普段はジョンソン首相に好意的な『デイリー・エクスプレス』紙も「ボリス、いい加減にしろ！　パーティーゲイトのような茶番劇に早く幕を降ろせ」と厳しい論陣を展開しています。与党の中からも「下手をすれば命取りになりかねない」と危惧する声も漏れてきました。

しかし、当のジョンソン首相夫妻は「これくらいの批判はこれまでも何度も経験してきた」と動じる風はありません。当初は政府が発令したロックダウンへの違反容疑でロンドン市警が捜査を始めるとの観測もありましたが、ジョンソン首相の「自分は何ら法令違反などしていない」との強気の姿勢もあり、また、議会でも下院に相当する庶民院では与党保守党が安定多数を占めていることもあってか、強制的な弾劾決議などには至りそうにありません。

もちろん、ジョンソン首相との間で2人目となる赤ん坊を生んだばかりのキャリー夫人の激励も大きな支えになっているに違いありません。「私の夫はファイターです」と公言して憚りません。というのも、国内政治に詳しいキャリー夫人は「イギリスでは禁固刑1年以上の判決が下されない限り、大臣や国会議員の職を強制的にはく奪されることはなく、ましてや首相が職を辞するようなことは本人が自発的に辞任しない限りはありえない」ことを分かっているからです。

そうは言っても、「一寸先は闇」というのが政治の世界。コロナ禍が収まらず、燃料価格を始め物価全体がインフレ傾向にあるため国民の生活が苦しくなる一方であれば、国民の不満がジョンソン首相や保守党にはけ口として向けられるリスクは大きくなるはず。その試金石は2022年5月5日に予定されている地方議会選挙です。もし、ここで保守党が大敗するようなことになれば、与党内からもジョンソン幕引きの嵐が起こることは否定できません。

果たして、2021年12月、「レインボー・ベイビー」として生まれた女児の父親になったばかりのジョンソン首相ですが、キャリー夫人と二人三脚で「虹の向こう」にあるはずの「熊とカワウソが幸せに暮らす」夢の世界に到達できるでしょうか。前代未聞の「ダウニング街10番地ドラマ」が目の前で演じられているわけで、これを楽しまない手はありません。

第五章

ビル・ゲイツに三行半《みくだりはん》を突きつけたメリンダ夫人の「男気《おとこぎ》」

メリンダ前夫人はライバル?

「女性の声」を聞かないビル・ゲイツへの不満爆発！

２０２１年5月、世界有数の大富豪にして最大の慈善団体「ビル・アンド・メリンダ・ゲイツ財団」を運営するビル・ゲイツ氏が知り合って34年、結婚してから27年経つメリンダ夫人との離婚を発表しました。２人のツイッターには「もう元に戻れません。夫婦として共に成長できないとの結論に至りました」とのメッセージが掲載されたのです。正式に離婚が成立したのは8月のことですが、その間、両者の指名した離婚専門の弁護士の間で厳しい交渉があったようです。

とはいえ、４人の子供たちを味方につけたメリンダ夫人が離婚交渉を有利に進めたことが明らかになっています。何しろ、離婚後の問題を話し合う家族会議にゲイツ氏は呼ばれず、全く蚊帳の外に置かれていたのですから。２０１９年から離婚専門の弁護士と相談を始め、離婚に向けて着々と準備を進めていたメリンダ夫人の完勝といえるでしょう。

何しろ、歴史上稀に見る大富豪カップルであり、離婚による財産分与の結果、７３０億ドルを手にすることになったメリンダは一夜にして女性としては世界で2番目の資産家になりました。もちろん、ビル・ゲイツ本人はそれを上回る資産をキープしています。

メリンダ夫人は２０１９年に出版した『The Moment of Lift : How Empowering

Women Changes the World』（邦訳『いま、翔び立つとき』光文社）の中でも、ビル・ゲイツ氏への不満を率直に訴えていました。

「いくら女性の声をもっと聞くように告げても、ビルは耳を貸さない」というのです。メリンダはマイクロソフトでは商品開発の責任者として敏腕ぶりを発揮していました。彼女の下では1700人のスタッフが働いており、彼女の統率力はビルを圧倒していたものです。

このことはビルもよく分かっていました。

ビル曰く「メリンダは人の話を聞く能力がずば抜けている」。

そのため、そんな彼女がビルと結婚を決めたということが知れると、多くの幹部はショックを受けたといいます。なぜなら、大半の幹部は「メリンダの方がビルよりはるかに賢い。どうしてビルなんかを相手に選んだのか」と疑問に思ったからです。独断専行で技術万能思考のビルに対して、メリンダは人の意見を聞き、人を活かすチームワーク経営に徹していました。

こうした基本的な考えの違いは、徐々に2人の間に溝を生んでいったようです。自著の中でメリンダはこう述べています。

「私は3人の子育てに時間とエネルギーを注いだものです。その間、夫のビルは連日16時間以上も会社で仕事をしており、1人で家庭を切り盛りするような結婚生活は苦痛でした」

メリンダの結論は「ビルは建前上、子供を欲しがったようですが、現実にはそうでもなかった」ということです。

実際、メリンダは最初の子供を妊娠した事実をビルに告げることを躊躇《ちゅうちょ》したと告白しています。ビルにとっては仕事優先の日々が続いていたため、「妊娠を喜んでくれるか分からなかった」というのでした。彼女は相当な心の葛藤《かっとう》を重ねたようです。

メリンダ曰く「ビルとは話し合いを重ね、家事や育児を分担するようになりました。娘を学校に車で送ってくれるようになり助かったものです」。

しかし、ビルの心の大きな部分は間違いなく仕事が占めていました。そのため、メリンダに言わせると、「ビルは仕事と家庭生活のバランスを取ることができない」ということにならざるを得ません。「職場でも家庭でも男女の役割をバランスのとれたものにしたい」と切望し、事あるごとに、そうした主張を重ねてきたメリンダにとっては、ビルとの結婚生活が破綻するのは必然だったのかも知れません。

しかも、夫は会社の女性とも、後にメリンダと共に発足させた慈善団体の女性スタッフとも不倫関係を重ねていました。そうした女性からの内部告発もあり、2019年には会社内の取締役会でも問題になったほどです。結局、そうしたセクハラ問題が重なったため、ことが公になる直前にビルは慈善団体の仕事に注力するとの理由でマイクロソフトの職を辞したのでした。２０２０年のことです。

貧困解決に必要なのは技術開発か教育投資か？

それに先立つ２０１５年、メリンダは「ピボタル・ベンチャーズ」と名付けた投資会社を自ら設立しました。女性の地位向上と活躍の場を増やすことを最大の目標にしています。こうした試みを始めたのも、ビル・ゲイツの発想やビジネスモデルの限界を感じたからに違いありません。既に離婚を想定した動きだったと思われます。

ところで、今回の離婚劇を受け、今、話題となっているのは、２人が所有する世界的大企業の株の行方です。例えば、「コカ・コーラ」。１８８６年、ニューヨークでは「自由の女神」像の建設が進んでいましたが、その同じ頃、南部ジョージア州のアトランタで産声を上げたのが「コカ・コーラ」でした。１８８６年5月8日が誕生日なのです。

今ではアメリカの文化を代表する飲料となり、トランプ前大統領に至っては「ダイエット・コーク」に病みつきになってしまい、ホワイトハウスの大統領執務室にある自分のデスクの上に専用のボタンを作らせ、いつでもコーラを注文できるようにしていたほどです。

実は、薬剤師のペンバートン博士がシロップと炭酸水を混ぜ合わせた飲み物を薬局で売り出したのが始まりでした。当初は1日に10杯売れるか売れないか、といった状況でしたが、今や世界で最も売れる飲料へと大躍進を遂げています。日本では1957年5月8日に製造発売が開始されました。そのため、アメリカでも日本でも5月8日は「コカ・コーラの祝日」となっています。

この「コカ・コーラ大成功物語」の恩恵を株主として最大限に享受してきたのが「オマハの賢人」と異名をとる投資家ウォーレン・バフェット氏や、そのアドバイスでコカ・コーラの株を大量に保有してきたビル・ゲイツ氏に他なりません。そんなゲイツ氏がメリンダ夫人との離婚を発表したため、財産の大きな部分を占める株式の行方が関心を呼んでいるわけです。

ゲイツ氏は早々とメキシコにあるコカ・コーラボトリング会社の株を全てメリンダさんに譲ったとのこと。その数は何と2500万株！　金額にして1億2000万ドルにもなります。要は、メリンダさんは一躍、コカ・コーラボトリング会社の大株主になったわけです。

一方、ゲイツ氏は財団名義で同社の株を依然として6200万株も保有しています。27年間の結婚生活で「夫のビル・ゲイツ氏に騙され続けた」と怒りを露わにするメリンダさんです。その怒りの原因はのちほど、詳しく紹介しますが、今後はコカ・コーラの経営に関しても大株主として対決することがあるかも知れません。

更に言えば、世紀の離婚劇の最大の注目点は2人が運営に関わってきた「ビル・アンド・メリンダ・ゲイツ財団」の行方でしょう。というのも2019年にアマゾンの創業社長にして世界一の資産家だったジェフ・ベゾス氏がマッケンジー夫人と離婚した際には、360億ドルが夫人に支払われました。その結果、ベゾス氏の慈善財団の活動に大きな影響が及ぶことになったからです。

マイクロソフトを創業したゲイツ氏の慈善団体は500億ドルの活動資金を保有していますが、メリンダ夫人への財産分与の金額次第では、ゲイツ財団からの資金援助を当てにしている団体にとっては厳しい事態も想定されるわけです。というのも、ゲイツ氏とメリンダ夫人はこの財団の共同会長を務めていた時から、活動方針については意見の違いが目立っていました。

技術をテコに貧困や環境問題を解決しようとするビル・ゲイツですが、メリンダは人を育て、教育を通じて男女平等の社会を実現しようとしていたからです。共に「共同会長」という役職に就いていましたが、役員会議を始めあらゆる場面でゲイツ氏が仕切っており、メリンダ夫人は「もっと対等な立場で慈善活動に臨みたい。女性のパワーアップをもっと追求したい」と主張したものの、アメリカといえども男性優位社会で、メリンダの気持ちはうつうつとしたままでした。

ワクチンに執着するビル・ゲイツの謎

ゲイツ氏はかつて世界ナンバーワンの資産家でありましたが、税金の支払いを回避するために慈善団体を設立し、2000億ドルと目される資産の防衛策を講じてきたことは衆目の一致するところです。表向きはアフリカなど貧しい途上国への援助や各国の大学など研究機関への資金提供を謳ってきていますが、実際には「税金逃れではないか」との批判が常に付きまとっています。

ゲイツ夫妻はアフリカやインドへ旅行した際に、「現地の貧しい医療体制に心を痛め、ポリオなど感染症の予防や治療に資金援助することを決意した」といいます。そこで新たに開発した感染症の予防ワクチンをアフリカやインドなどで接種する活動を始めたわけです。事業で大成功を収めた、そのお返しに奔走するゲイツ夫妻は「美談の主」になったことは間違いありません。

問題はこのワクチン接種による副作用が深刻化したにもかかわらず、世界保健機関（WHO）の個人として最大のスポンサーであるゲイツ氏が大手製薬メーカーの開発したワクチン接種を止めようとしなかったことです。

結果的に、インドでもアフリカのチャドでも多くの子供たちが死亡したり、後遺症に苦しむことになってしまいました。遅まきながら、インド政府もアフリカ諸国の政府もゲイツ財団が提供したワクチンの接種を禁止する決定を下し、被害にあった子供たちの親には見舞金が支払われたものです。

何やら、現在進行中のコロナ・ワクチン騒動にも同じような問題が繰り返されているようにも見受けられます。ゲイツ氏の得意技は主要なメディアや大学などに日頃から莫大な資金提供をすることで、彼の行動に批判的な報道や問題を指摘するような動きを未然に防いでしまうことです。2021年11月の時点で、その額たるや少なくとも3億1900万ドルとの指摘がなされています。

ゲイツ氏は2010年、アメリカの首都ワシントンで開催された「健康サミット」において、「新生児には全員、ワクチン接種の記録が残るワイヤレス・チップを埋め込む計画」を発表しました。そのために必要な技術を開発するマサチューセッツ工科大学（MIT）に資金を提供することも同時に明らかにしたものでした。後に世界を揺るがす「新型コロナ・ウイルスの蔓延」を予見していたかのような動きに他なりません。

「人口削減論者」のビル・ゲイツ一族への不信

いずれにせよ、今回の離婚はメリンダ夫人から申し出たことは間違いありません。ゲイツ氏の隠された「人口削減計画」に反旗を翻しての決断だったものと推察されます。実は、ゲイツ氏の両親は筋金入りの「人口削減論者」であり、そのことを知って、後に詳しく触れますが、メリンダ夫人の母親はゲイツ氏との結婚には猛反対していました。

特に、ビルがしばしば尊敬の念を明らかにしている父親のウイリアム・ゲイツ・シニア氏は著名な銀行家であると共に「優生学」の推進者としても知れ渡っており、計画出産運動を通じて、世界人口の抑制を主張してきた存在です。

2020年6月、ゲイツ夫妻はアメリカの公共テレビの番組で「ワクチン接種は医療関係者や黒人とネイティブ・アメリカンを優先すべきだ」と発言しました。これには黒人層から「有色人種を実験台にする人種差別だ」との猛反発が寄せられたものです。メリンダ夫人は「多くの黒人が医療設備の遅れた地域に住んでおり、実際に感染者や死者が急増しているため」と誤解を解こうと必死で対応しましたが、ビルからは何の説明もありませんでした。

一方、メリンダの父親レイモンド・フレンチ氏は航空宇宙エンジニアでNASAの宇宙ロケット打ち上げに深く関わっていました。アポロ計画で人類が初めて月面着陸した際には、フレンチ氏は欠かせない役割を担っていたのです。娘には科学的で公平な物の見方を教えていました。メリンダは幼い頃からロケットの打ち上げを何度も見ながら大きくなったと語っています。

母親は専業主婦でしたが、メリンダを含む4人の子育てに情熱を傾けていたといいます。子供たちに幼い頃から、読書の習慣をつけさせ、自然との触れ合いを大切にしたようです。そんな母親からすれば、いくら技術的に可能とは言え、人口をコントロールするどころか、減らそうという運動に関わっているゲイツ一族の元に娘が嫁ぐことには反対したのも当然かと思われます。

メリンダは27年前に母親の言う事を聞かなかったことをようやく反省したのかも知れません。「仮面の夫婦」を演じるのに、ほとほと疲れたといったところでしょうか。メリンダにとっては「リセット（やり直し）」のチャンスにしようと、離婚を決断したに違いありません。そうした思いを何度も明らかにしています。

実は、メリンダはゲイツ氏との間に2人の娘と1人の息子をもうけ、育児と家事に加えて、夫の立ち上げた慈善団体の管理という仕事に追われる生活でした。マイクロソフトでの仕事は最初の出産を機に、辞めざるを得なかったとのこと。会社ではゲイツ以上に慕われていたようですが、家庭での子育てや子供への教育を優先したのです。

子供たちには14歳になるまで携帯電話を持たせませんでした。自然や宗教心を大事にする環境に配慮したともいいます。こうした価値観についてはビルとの間で違いが大きくなったようです。一番下の子供が18歳になった機会に、「もうこれ以上は我慢できない」と離婚へと舵を切るのでした。

メリンダ曰く「自分が一番充実した時を過ごしていたのは大学でコンピュータや経済を学んでいた時でした」。

結婚前から「女癖」が悪かったビル・ゲイツ

結婚生活には失望することも多かったようです。というのも、世界有数の大富豪とは言うものの、ゲイツ氏のプライベートライフは外からはうかがい知れない〝超常識の世界〟だったと思われるからです。

メリンダは『フォーチュン』誌のインタビューの中で「思い返して見ると、ビルは私が大学時代に付き合っていた男たちとあまり違わなかったわ。もっと言えば、当時の男友達の方が私を大事にして尊敬してくれていたわね。もちろん、ビルに惹かれた点もあるのよ。それは彼の冗談好きな、そしてとてもひねくれた性格ね」とビルへの気持ちを率直に告白しています。

いずれにせよ、メリンダ夫人にとって最大のフラストレーションは夫ビル・ゲイツ氏の女性問題でした。そのせいか、メリンダは「息子のロリーはフェミニストに育てました」

と語っているほどです。マイクロソフトで2人が働いていた当時でも、ビルの女癖の悪さは社内に鳴り響いていたとのこと。

更に、これまで、ほとんど表に出ませんでしたが、ゲイツ氏にはメリンダ夫人と結婚する前から長年に渡って付き合っていたアン・ウィンブラッドという女性IT経営者がいました。1984年、コンピュータ関連の会議で知り合った2人ですが、ゲイツ氏より5歳年上のアンは出会った頃にはゲイツ氏よりもはるかに稼ぎが良く、デートや旅行に出かけるにしても、毎回、お金は彼女が支払っていたといいます。

アンによれば「私と付き合い始めた頃のビルは大した男ではなかったわ。私を喜ばせようと、私の真似をして肉を食べなくなったくらいね。私が誘って一緒に旅をして、未来のビジネスプランを語り合ったことで彼も成長したみたいよ。まあ、とにかく私のお蔭かもね」。

一方、ゲイツ氏は、低頭平身です。

「彼女の頭脳は半端ない。しかもビジネスに向き合う姿勢はウォーレン・バフェットを思い起こさせる。天才と言ってもいいほどだ」

まさに、べたぼれ状態のゲイツ氏だったようです。年上の大金持ちの女性経営者に頭の上がらないビルは、このアンと旅行に出かける時には、数千ページに及ぶ分厚い物理や化学に関する本を持参し、「2人で読みながら議論した」と思い出を語っています。

しかし、自尊心の強いゲイツ氏は頭の上がらない女性との結婚には二の足を踏んだのでした。「タイム」誌によれば、アンはビルとの結婚を望んでいたようでしたが、ビルには「その準備ができていなかった」といいます。そんな時にゲイツ氏が見初めたのが自分の会社で働くメリンダさんだったわけです。ゲイツ氏は彼女と結婚しようか迷っていた時にも、アンさんの意向を確認したといいます。

その時のアンさんの答えがふるっていました。曰く「メリンダは優秀な女性のようね。しかし、あなたにはもっと相応しい女性がいるはずだわ。なんなら紹介してもいいわよ」。悩んだゲイツ氏はそれでも結局メリンダさんと結婚を決めたのですが、その時にメリンダさんと交わした約束の中には、「結婚後もアンさんとの交際を認めること」が記載されていたというわけで、将来の破綻を予感させるような結婚だったと思われます。

実際、メリンダさんと1994年に結婚した後も、ゲイツ氏は毎年、アンさんとの長期休暇旅行を欠かさなかったことが判明しています。メリンダ夫人の心中を思えば、「もう我慢の限界！」といったところでしょうか。

ゲイツ氏はインタビューに答えて、「家では毎食後、メリンダと一緒に食器を洗う」と言っていますが、そんなことでは彼女の気持ちをつなぎ留めることはできなかったようです。自業自得というか、ゲイツ氏は罪深いと言わざるを得ません。

結婚するまで極秘だった社内恋愛

そもそも、メリンダは頭脳明晰で両親の薫陶のお蔭もあり、中学でも高校でも学年トップの成績を誇っていました。14歳の時、父親からアップルⅡを与えられ、コンピュータ・サイエンスの世界に魅了されたのです。進学したデューク大学でもコンピュータと経済の2つの学位を習得しています。

更にはＭＢＡの資格も取得。学生時代には家庭教師のアルバイトで数学とコンピュータを教えていました。ボランティア活動にも熱心で、貧しい地域の高校で補習を手伝ったそうです。そこで彼女が得た教訓は「大事なことは学校の規模ではなく、先生の情熱だ」ということ。しかも、デューク大学時代にはボーイフレンドとの交際にも熱心で、世界180カ国に販売網を持つ大手チューインガム会社の跡継ぎとして知られていたウイリアム・リグレー・ジュニアと付き合っていたことが分かっています。

就活に際しては、ＩＢＭから内定を得たのですが、当時の面接官から「うちの会社で活躍してもらいたいが、女性の昇進には〝見えない壁〟があることを分かってほしい」と打ち明けられました。そのため、まだできたばかりで女性が活躍できる可能性を秘めた新興企業のマイクロソフトへの入社を決めたのです。当時、メリンダはマイクロソフトが採用した初の女性MBA（経営学修士）でした。

会社が若いということもあり、女性のメリンダにも責任のある仕事がどんどん与えられたようです。デジタル百科事典の「エンカルタ」や旅行予約サイトの「エクスペディア」などを次々と開発し、彼女はどんどんと昇進の階段を上っていったのでした。その過程で、創業社長のビル・ゲイツに見初められ、「2週間後のこの日に食事しないか」と初デートに誘われたそうです。

しかし、メリンダは「そんな先のことは約束できません」と断りました。暗に「即断即決」を求めたのです。その作戦は見事に成功。というのも、彼女が断ってから2時間もしないうちにゲイツから電話があり、「今夜、食事に行かないか」と、改めて誘ってきたからです。もちろん、メリンダはOKしました。

冒頭に紹介した彼女の出版した本には、数学でもコンピュータ・ゲームでもメリンダの方がビルよりはるかに優れていた情景が詳しく述べられています。そんなメリンダの頭脳にビルは驚いたようです。

それからの2人は社内恋愛を公にせず、7年ほどの極秘交際を経て、結婚式を挙げたのです。メリンダはこの間、母親にもビルとの交際については極力内緒にしていました。母親が反対することは分かっていたからです。優生学を信じるゲイツ一族には娘を嫁がせたくないというワケでした。

そもそも、ビルはメリンダとの結婚を考えていた時には、メリットとデメリットを寝室のサインボードに書き出し、メリットが上回ったという計算式で決めたと自慢していました。愛情も数量化したということです。

ウォーレン・バフェットはメリンダ贔屓

メリンダは母親から同意を得られませんでしたが、ビルとの結婚を決めました。ハワイの高級ゴルフ場を借り切っての結婚式の費用は日本円で軽く1億円を超えたといいます。異常に用心深いゲイツはホテルを全館借り切り、しかもゴルフ場の上空にヘリコプターや小型の飛行機が飛んできて、結婚式の雰囲気が邪魔されないように各方面に手を回したそうです。島にあったヘリコプターは全て借り上げ、誰も使えないようにしました。

その後、マイクロソフトは順調にOSの独占企業として世界制覇の野望を実現していきました。そうして稼ぎ出した利益をつぎ込み、「ビル・アンド・メリンダ・ゲイツ財団」が生まれたのです。ビルとメリンダは共同会長として、財団の管理、運営に当たりましたが、実質的にはビル・ゲイツが独断であらゆる決定を下しており、メリンダにとっては不本意な思いが鬱積したようです。

とはいえ、そんなビル・ゲイツ氏のビジネスや慈善事業に全面的にお墨付きを与えてきたのが「ダボス会議」の主宰団体として知られる「世界経済フォーラム」（WEF）に他なりません。毎年、1月下旬にスイスの有名リゾート地ダボスで世界の政官財やメディア界のトップリーダーを集めて情報や意見交換の場を提供している組織です。「影の世界政府」とまで言われており、この場で話し合われたことが世界の政治、経済の行方を大きく左右すると見られています。

その創設者が経済学者のクラウス・シュワブ氏であり、ビル・ゲイツ氏とはツーカーの間柄なのです。そのシュワブ氏ですが、5年ほど前から「グローバル・ヘルス・インプラント」の提唱を繰り返すようになっています。

それが何かといえば、コロナ禍において議論が進んでいる行動追跡・監視システムのことです。WEFでは「グレイト・リセット」と銘打って、新たな時代に向けての「価値観の総入れ替え」を各国の指導者を通じて実現しようと試みています。シュワブ氏はビル・ゲイツ氏らを巻き込み、我々日本人の想像を超えた未来社会の実現を夢見ているわけです。

具体的には、先ずはウェアラブルを通じて、その後は皮膚や脳にマイクロチップを埋め込み、人間とマシーン（人工知能）の合体を図ろうとしています。究極の「デジタル世界」を思い描いていることは間違いないでしょう。しかも、「10年以内に実現する」とも豪語しているほどの力の入れようです。

こうした構想が実現すれば、人間は対面でのコミュニケーションを必要としなくなり、意識しただけで、希望する相手とクラウドを通じて繋がることが可能になるとも期待が膨らんでいます。実は、マイクロソフトの創業者であるビル・ゲイツ氏はこうした未来のデジタル社会に向けた布石を着々と打ってきているのです。

現在、世界を覆っている新型コロナ・ウイルスの到来は既に2019年、WEFやビル・ゲイツ氏の慈善団体が共催し、ニューヨークで開いたシミュレーション会議「イベント201」で議論されていました。その上で、「感染対策としてワクチンの開発と行動追跡アプリの導入が必要になる」とまで結論付けられていたのです。用意周到とはこのことでしょう。

ファイザーやモデルナが開発、製造し、世界に供給されている「メッセンジャーRNA」技術を使ったワクチンは「人間のDNAを書き換えることを可能にする人類史上例のないワクチン」との指摘が専門家の間では専らです。遺伝子組み換え農作物（GMO）や食品の危険性も指摘されていますが、現在、接種が進む「mRNAワクチン」にも同様のリスクが潜んでいるとの研究結果は無視できません。

ひょっとすると、未来のデジタル社会では「ワクチン接種を証明するパスポート」が体内に埋め込まれていなければ生活できなくなるかも知れません。買い物も旅行も会社の出入りにも「ワクチン・パスポート」が欠かせなくなりそうです。

そんな〝悪夢〟のような世界を10年以内に実現しようとするシュワブ氏やゲイツ氏の企みをこのまま放置していいのでしょうか。今回の離婚劇をきっかけにして、それまで美談で覆われてきたビル・ゲイツ氏の異常な行動やスキャンダルが次々に暴露されるようになってきました。

実は、ゲイツ夫妻と親しく、ビル・アンド・メリンダ・ゲイツ財団の筆頭理事を務めるウォーレン・バフェット氏によれば、「ビルは素晴らしい才能の持ち主だが、メリンダは事業の全体像を把握する能力ではビルの上を行く」とのこと。今回の2人の離婚騒動には失望したようで、長年務めてきた財団の役職を辞任すると発表しました。ゲイツ氏にとっては、大きな痛手になるでしょう。

何よりもゲイツ氏の企みを最も身近な場で27年にもわたって見据えてきたメリンダが、「もうこれ以上好き勝手をさせてはならない」との思いから離婚を宣言したことは、彼女の才能を買っていた「天才投資家」と呼ばれるバフェット氏にとっては無視できない事態だったのではないでしょうか。

「ノーベル平和賞」に目がくらんで幼児性愛者に急接近した夫に絶望

メリンダがビル・ゲイツに愛想を尽かした理由はいくつもあるようですが、その中でも衝撃的だったのは、ノーベル平和賞を得ようと目論んだゲイツ氏が「ノルウェーのノーベル平和賞財団とコネがある」と囁くジェフリー・エプスタイン氏と緊密な関係になったことです。実際、2人は揃ってノルウェーの財団を訪れ、ジャグランド会長に面談しています。ゲイツ財団の関係者によれば、「ゲイツ氏は何が何でもノーベル平和賞を欲しがっていた」とのこと。

エプスタイン氏といえば、幼児性愛者として知られた上に、マフィアなど犯罪集団との非合法ビジネスがもとで、刑務所に服役中に自殺したほどのいわく付きの人物でした。『ニューヨーク・タイムズ』紙の報道によれば、エプスタイン氏の手口からヒントを得て、ゲイツ氏は自分の会社や財団に勤める女性を次々と手籠めにしたといいます。エプスタイン氏の自宅で開かれるパーティには毎回、美女軍団が侍っていたそうです。

このことではメリンダ夫人はゲイツ氏に対して、心底、愛想をつかしたようです。彼女は夫と一緒にエプスタイン氏と面談したこともあるのですが、その直後、「あんな男とは絶対に係わらないように」と口を酸っぱくしてゲイツ氏に忠告したといいます。しかし、なぜか、ゲイツ氏はその忠告を無視したのです。

それどころか、メリンダと共に運営していた慈善団体にエプスタインを関与させようとしたそうです。メリンダが夫に不信を抱くのも当然でしょう。結局、エプスタイン氏は児童買春容疑で逮捕拘束され、刑務所内で自殺してしまいます。ゲイツ氏にとっては大きな汚点になりました。

このエプスタイン問題を含めて、27年間、妻として、また財団の共同経営者としてビル・ゲイツ氏の活動を支え、その言動を最も間近に観察してきたメリンダ夫人が下した離婚という結論には、単なる夫婦間の摩擦といったレベルを超えた「世界一の慈善事業家」による隠された「世界制覇の闇」を明らかにする意味もあるように思えてなりません。バフェット氏からも見放されたとすれば、世界最大の慈善団体の今後の行方が気になるところです。ゲイツ氏自らの秘めた野心やいびつな名誉心を知るメリンダが新たな慈善団体を本格的に立ち上げることになるわけで、この緊張関係が世界の教育、ジェンダー、貧困、エネルギー問題対策にどう影響するのか大いに注視する必要があると思われます。

財団関係者によれば、「ゲイツ氏は当面、財団運営に関してはメリンダ夫人を残していく考えの様ですが、2023年までには首を切るでしょう」とのことで、2人の関係は修復不能になっているようです。ゲイツ財団からメリンダの名前が削られる日も近いわけです。言い換えれば、ビルとメリンダによる慈善事業ビジネスにおける正面対決の火花が散ることもあり得るということでしょう。

ビル・ゲイツのきな臭い「裏の顔」とは？

冒頭に述べましたが、メリンダは２０１５年に「ピボタル・ベンチャーズ」と銘打った投資ファンドを立ち上げ、女性の活躍の場を増やし、女性社員への待遇改善を積極的に進める企業への投資を始めています。また、オンラインで「Ｅｖｏｋｅ」と命名したサイトを稼働させ、男女が平等に新たなビジネスを展開できるアイディアを交流できる場を支援中です。

実は、ビルやメリンダを筆頭に、世界には「ビリオネア」と呼ばれる億万長者が１０００人以上います。アメリカの経済誌『フォーチュン』の統計によると、そのうち上位４００人の総資産だけで開発途上国すべての国家資産をはるかに上回るほど膨大です。

一方、貧困層は世界人口の80％を占めるまでになっています。世界銀行の定義によれば、「貧困層とは1日2ドル以下の生活を余儀なくされている人々」のこと。１９８０年代には途上国における貧困層は全人口の36％でしたが、今日では40％をはるかに超えてしまいました。世界人口6人に1人は極貧に近い生活を送っているわけです。10億人を超える人々が慢性的な栄養失調や飢餓の状況に追い込まれているのが世界の現状に他なりません。

このような極端とも思える貧富の格差を放置すれば、紛争や対立、社会不安や政権転覆の原因になることは火を見るよりも明らかでしょう。そうした危機的状況をなんとか是正しようと、ビル・ゲイツ氏はこれまで様々な取り組みを展開してきたことをＴＥＤトークなどでも自慢しています。

例えば、「グッド・クラブ」と称するチャリティ組織を作り、「国家に期待をしても、限られた効果しか生まれない」との観点から世界的な課題を解決しようとしているようです。この「グッド・クラブ」は世界の大富豪たちに働きかけ、彼らが築き上げてきた「富の少なくとも50％を、生前あるいは亡くなった時点でチャリティのために寄付をする」と約束させようとしています。ゲイツ氏はすでに80名ほどの大富豪仲間に声をかけ、その多くがそうした約束文書に署名しているようです。

そのための第1回会合は、２００９年ニューヨークで開かれました。当時のニューヨーク市長のマイケル・ブルームバーグ氏、テレビの司会者としてオバマ元大統領の誕生にも大きく貢献したオプラ・ウィンフリー氏、マスコミ界の重鎮テッド・ターナー氏などが、呼びかけ人であるゲイツ氏、ウォーレン・バフェット氏、ジョージ・ソロス氏、デービッド・ロックフェラー氏とともに参加したことが記録に残っています。

残念ながら、日本にはそうした大富豪や寄付の文化がいまだ十分根付いていません。一時期、企業の社会貢献として「メセナ」がブームになりかけましたが、近年の景気低迷や大震災等の影響もあってか、現在ではしぼんでしまったままです。資金集めに関して、日本はゲイツ氏の関心から外れてしまったことは間違いありません。

いずれにせよ、こうした大富豪たちが国家や国際機関の枠を乗り越え自らの発想と富を結集することで、全地球的な課題である環境汚染の問題や伝染病そして貧困の問題に挑戦するということは、人類史上かつてないことです。

なぜなら、個人が国家を超越する可能性を秘めているからです。とはいえ、ビル・ゲイツ氏の主宰する「ビル・アンド・メリンダ・ゲイツ財団」やゲイツ氏の呼びかけた「グッド・クラブ」の実態には不可解な面もあり、その慈善活動の裏の顔にも目を向けておく必要があるはずです。その意味でも、ゲイツ氏に愛想を尽かしたメリンダ夫人の今後の動きからは目が離せません。

その観点からいえば、今でも世界第3位の資産家の地位にあるビル・ゲイツ氏の「裏の顔」には驚かされます。例えば、先に紹介したように、ゲイツ氏は2019年9月、ニューヨークで「イベント201」と題する国際会議を主催しました。何と、その狙いは「コロナ・パンデミックのシミュレーション」でしたから。

実際、その直後の12月、中国の武漢から新型コロナ・ウイルスが世界に広がったわけで、その3カ月前に感染症の爆発を予測し、「ワクチン接種ビジネスで大儲けできる」と語っていたことは、今から思えば、「仕組まれたパンデミックではないか」との疑いが深まるばかりです。

現在、日本も大量の輸入契約を結んでいるのがファイザーやモデルナのワクチンですが、こうした巨大ワクチンメーカーの最大の出資者にして最大の株主はゲイツ氏に他なりません。世界中が欲しがるワクチンであり、いくらでも高値で売れるというわけです。ファイザーやモデルナにとっては「かつてない売り手市場の到来」というわけで、株価も急騰を続け、両社の社長も役員も大富豪の仲間入りを果たしています。

そんなゲイツ氏が密かに進めているのが農地の買収事業です。2021年1月の時点で、全米19州で25万エーカーの農地を取得済みといいます。今や「アメリカ最大の農地王」とまで呼ばれるほどになったのです。ニューヨークのマンハッタンの10倍以上の農地を手にしているわけで、これは香港全土を上回る広さに他なりません。

果たして、その狙いは何なのでしょうか。お忍びでしばしば日本に来ているゲイツ氏は、大の和食ファンでもあります。軽井沢にも大豪邸を所有しているそうですが、お気に入りの日本の穀物や野菜、果物等の種子（タネ）を買い漁り、ノルウェーの氷で閉ざされたスピッツベルゲン島に「世界最大の種子貯蔵庫」を建設、維持していることは、あまり知られていません。

もちろん、彼が収集、保管しているのは日本の種子に限りません。世界中で安全、安心、高品質と評価の高い農作物の種子を大量に買い付けているのです。思い起こすのは、ゲイツ氏がTEDトークでも繰り返した「世界では人口が増え過ぎた。このままではもうじき90億人に達する。食糧不足から対立や戦争も起きかねない。人口を早急に抑制し、少なくとも15％は減らす必要がある」との発言です。この発言から察するに、ワクチン製造にせよ、種子や農地の買収にせよ、何やらきな臭い限りです。

「フェイクニュース」ならぬ「フェイクミート」がのさばる時代に

いずれにせよ、巨大種子メーカーの動きは我々の想像をはるかに超えているように思われます。世界が新型コロナ・ウイルスで右往左往している状況を横目で睨みながら、「種子争奪戦」を有利に進める布石を着々と打っているからです。と同時に、ゲイツ氏はGMO（遺伝子組み換え農作物）種子の販売で大きな市場を押さえているモンサントの株を50万株も買い入れています。

曰く「世界から飢餓をなくすにはGMOが切り札になる」。

国連は「2030年までに世界から飢餓をなくす」との宣言を行っています。その目標を達成するためにも、また、気候温暖化や自然災害の影響で破壊された農業を再生させるためにも、この厳寒の地に建設された種子バンクの使命は大きな可能性を秘めています。多くの国が種子を提供すると同時に、この施設の建設や維持管理のコストを負担していることからも、この構想への期待の大きさが分かろうというものです。

しかし、こうした政府からの資金とは比較にならないほど多額の資金を提供しているのが、世界の3大種子メーカーなのです。もちろん世界最大の慈善団体である「ビル・アンド・メリンダ・ゲイツ財団」もこの事業には深く関与し、多額の資金提供を行ってきました。世界中から集められた種子ですが、人類が危機的事態に直面した際に、どのようにしてタネの配分を行うかについては何も取り決めがなされていません。集めるだけ集めたのは良いのですが、一体全体どのようにして活用するのでしょうか。その見通しも具体的な利用方法も未定のままです。

かつてノーベル平和賞を受賞したアメリカの元国務長官ヘンリー・キッシンジャー氏は次のように語っています。

「アメリカの第三世界外交の最大の要《かなめ》は人口抑制策である。アメリカが必要とする天然資源の多くは発展途上国に眠っている。石油を支配する者は国家をコントロールできる。食糧を支配できれば、人類をコントロールできる」

その食糧をコントロールするのが種子（タネ）であることは論を待ちません。

このタネを巡る争奪戦が静かに始まったのです。遺伝子組み換え種子の最先端の研究はアメリカの国防総省が主導しています。世界が「見えない敵」と呼ばれる新型コロナ・ウイルスとの戦いに気を取られている隙にです。なぜなら、「新型コロナ・ウイルス禍が終息した後には食料危機が待ち構えている」とのシナリオが描かれており、敵対国家には種子の提供を拒否することもできるからです。

更には、ゲイツ氏は遺伝子組み換え技術を活用した人工肉の開発に乗り出しています。「インポッシブル・フーズ」と呼ばれ商品化しているわけですが、主に大豆を原料に人工の牛肉や豚肉もどき食品を売り出し、大成功を収めているのです。これには同じ大富豪仲間のジェフ・ベゾス氏も協力しており、大富豪同士で「ポスト・コロナ時代」において、更なる大儲けを狙っているに違いありません。

これは「フェイクニュース」ならぬ「フェイクミート」なのですが、自然や健康にプラスという触れ込みで、アメリカから世界に向けてブームが起き始めています。ニューヨークでは最もファッショナブルなレストランの一つと評判のモモフクで人気を博し、香港やシンガポールでもフェイクミート料理を提供するレストランが急増中です。

表向き、ゲイツ氏は「新しい資本主義」を提唱し、「途上国のニーズに合わせたビジネスを展開することが世界の安定と発展にとって欠かせない」との立場をとっています。要は、「市場の力で社会を変えよう」というゲイツ氏ならではの発想でしょう。GMOフーズを通じて、農業の在り方や食生活まで変えようという魂胆が見え隠れしています。

こうした種子の遺伝子情報を国際特許で押さえてしまったゲイツ氏のビジネス感覚は、マイクロソフト時代にウィンドウズでOSの世界標準を押さえた発想に通じるものがあります。将来、人類が人口爆発や食料危機という異常事態に直面することを想定し、「最後に笑うのは自分である」との野心家らしい思いが伝わってくるではありませんか。

新薬や治療法開発に新たな投資をするための慈善活動？

世界の大富豪仲間を味方につけ、地球的規模の難題にチャリティ精神で取り組むヒーロー役を見事に演じてきたビル・ゲイツ氏。しかし、その危険な野望を見抜き、これに待ったをかけようとしているのがメリンダ夫人なのです。

実のところ、ゲイツ氏が強力に推進しているアフリカや南米諸国における子供たちのためのマラリアやエイズの予防と治療活動には製薬業界の協力が欠かせない仕組みになっているのです。これまで数百万人の子供たちの命を救ってきたと宣伝されていますが、そのために供出されてきたワクチンなどは、その大半がアメリカの製薬会社から提供を受けたものばかりです。

ゲイツ氏は「貧しい国々の子供たちの命を救いたい」と言ってきましたが、その一方で、彼自身が財団を通じて、新薬や治療法開発に新たな投資を行っている事実は伏せられています。ゲイツ財団は彼本人の資産を原資にし、その資金の投資運用益を活かしてさまざまな慈善活動を展開する仕組みとなっています。

要は、賢い投資による高いリターンを稼がなければ慈善活動の資金が生み出せないわけです。その点、世界の大富豪たちの資金や投資の成功体験を集めることにより、より大規模かつ賢明な投資活動が可能になるに違いありません。

当然のことですが、バフェット氏や「ヘッジファンドの帝王」と異名を取ってきたジョージ・ソロス氏などの資産運用のノウハウが成功の大きな鍵を握ることになるはずです。そうした大富豪たちが唱える最高の投資先は「ワクチン」なのです。

表には出てきませんが、世界銀行やWHO（世界保健機関）、そして大手製薬メーカーが一体となり、「GAVI」と呼ばれるワクチン普及のための世界的な連盟が設立されています。この連盟の目的は開発途上国において、すべての新生児に対し予防ワクチンを接種させることにあります。

この連盟に対しゲイツ財団は全面的な支援活動を行ってきているのです。WHOも3億ドルの赤字を抱えており、ゲイツ財団からの支援が命綱という状況です。ゲイツ氏の意向を無視しては存続できません。問題は、そうしたワクチンの提供者である欧米の大手製薬会社が第三世界のために配布しているワクチンの安全性に疑念が寄せられていることでしょう。

たとえば、先進諸国の間で売れ残った期限切れのワクチンなどが、この連盟を通じて途上国に寄付という形で大量に流されています。

また、製薬会社が新たに開発したさまざまなワクチンがその安全性や効能が十分検証されないまま、大量に途上国で使用されている問題も指摘されているわけです。いわば売れ残りの薬や危険性がぬぐい去れないような薬まで、まさに人体実験のごとく世界の貧困国に提供されているのです。

ゲイツ氏はさまざまな機会に世界の人口問題を取り上げています。既に紹介しましたが、ことあるごとに「世界の食糧やエネルギー問題を克服するためには、人口を減少させる、あるいは抑制させることが不可欠だ」という認識を明らかにしているからです。この点を最も危惧しているのがメリンダ夫人に他なりません。

確かに、ゲイツ氏は開発途上国の子供たちの命を救うために無償のワクチンを大量に提供してきました。他方で「世界の人口を減少させなければ人類の未来は続かない」という本音を語ってもいます。そういえば、かつてデービッド・ロックフェラー氏と彼の主宰する「ロックフェラー財団」においても、「第三世界における人口抑制のために（筆者註。要は、自然死を加速させることにつながる）新しいワクチンの使用を進めるべきだ」との提言がまとめられていました。

と同時に、モンサント、デュポン、ダウケミカル、シンジェンタなど世界の巨大アグリビジネスの間で開発が進んできているのが遺伝子組み替え作物の種子なのです。病害虫に強く、水が少なくとも育つ、しかも収穫量が飛躍的に伸びる、という「魔法の種子」に他なりません。

現在、ゲイツ財団で重要な役割を果たしているロバート・ホーシュ博士は25年間にわたりモンサントで遺伝子組み替え種子の開発に従事してきたベテランです。日本をはじめ各国で広く使われているモンサントの「ラウンドアップ・レディー」の開発チームの一員でもありました。

言い換えれば、ゲイツ財団はこうした大手種子メーカーの製品を、慈善活動の名のもとにアフリカや中近東、南米そして日本を含むアジアにも普及させつつあるわけです。遺伝子組み換え作物の安全性については、「人類の食糧不足克服には欠かせない」という肯定派と、「人間の生命に対する高いリスクが懸念される」とする慎重ないし反対派の意見が対立したままです。

ゲイツ氏が世界の大富豪たちを結集して、チャリティの旗を掲げ、貧困や病気、そして食料問題を解決しようと取り組む姿勢は感銘を与えるものです。とはいえ、その背後に隠された真の狙いも把握しておかねばなりません。先に述べたように、ノルウェーの永久凍土の地下深くに建設された種子貯蔵庫に、「世界中の種子を400万種類以上集めた」と豪語するゲイツ氏です。

そうしたゲイツ氏の動きに対し、世界のメディアはあまりに無防備に礼賛し過ぎではないかと懸念せざるを得ません。多くの報道機関も研究機関もゲイツ氏からの資金提供を受けているため、アンチ・ゲイツ的な問題の指摘はできないのです。今こそ、その隠された狙いを明らかにしておく必要があるでしょう。

「世界から貧困を無くす」という美しいスローガンの裏にあるもの

そのきっかけを作ってくれたのが、これまで紹介してきたメリンダ夫人の決断です。ビル・アンド・メリンダ・ゲイツ財団が進めてきた「世界から貧困を無くす」という美しいスローガンの裏で、虎視眈々と実行に移されてきた人口削減計画の危険性を明らかにしようとしてくれているからです。彼女でなければ知り得ないゲイツ氏の裏の顔がこれから徐々に表に出てくるに違いありません。

但し、口封じが行われないという保証はありません。メリンダ夫人はゲイツ氏とたもとを分かった後、新たな慈善団体を立ち上げる意向を示しています。マイクロソフトのＯＳによって世界制覇を成し遂げたゲイツ氏はその過程でライバル企業を次々と葬ってきました。メリンダ夫人の立ち上げる財団が、そのターゲットになることもあり得る話だと大いに危惧されるところです。

そんな隠された顔を持つビル・ゲイツ氏ですが、何と、今やアフガニスタンの復興に力を注ごうとしています。ご承知の通り、バイデン大統領は２０２１年８月末に20年に及んだアフガン戦争に終止符を打ち、米軍の撤退を完了させました。とはいえ、アフガニスタンへの関与を止めたわけではありません。人道支援という名目で６４００万ドルの資金を提供すると明らかにしました。

その主な目的はアフガニスタンの子供たち、特に女子に対する教育を支援することです。そうした事業を新たに展開するべく、タリバンが政治事務所を立ち上げていたカタールのドーハにおいて、アメリカ政府はユニセフや国連機関と共にタリバンと協議を重ねてきていました。

新政府を誕生させたタリバンは国連総会での演説の機会を求めるなど、国際社会との関係強化に向けて様々な手を考えているようです。とはいえ、世界最貧国の一つであるアフガニスタンで学校教育を再建するのは至難の業と思われます。学校を作るにせよ、教師を確保するにせよ、教材を揃えるにせよ、先ずは資金が欠かせません。

そこへ「助っ人」の如く現れたのがビル・ゲイツ氏です。

ご存知の「ビル・アンド・メリンダ・ゲイツ財団」はユニセフと協力して、アフガン全土に4000校の学校を新たに建設すると発表しました。今、アフガニスタンでは370万人の子供たちが学校に通えていません。疲弊した国を再建するには先ずは教育からということでしょう。

けれども、課題も山積です。タリバン政権下の教育はあくまでイスラムの教えが基本であり、「未来のジハード」即ちテロリストを養成することにもなりかねません。しかし、ビル・ゲイツ氏はタリバン側との話し合いを通じて、アフガンの子供たちに数学や科学も教えることを経済支援の条件にしたといいます。

どこまでタリバン政権下で科学的な教育が実施されるのかは見通せませんが、「グレイト・リセット」を提唱するビル・ゲイツ氏のことですから、「カオスこそ大きなビジネスチャンス」と受け止めている節があります。素早い行動は「ビリオネアの鑑」を自負するゲイツ氏の持ち味でしょう。

とはいえ、ゲイツ氏が狙うのはアフガニスタンの地下に眠る膨大な石油やレアメタルなどの資源、そして世界最大と目されるケシの花、即ち、アヘンの原料かも知れません。そうした思惑を秘めた上でのアフガンへの教育支援ではないか、と見られているわけです。メリンダ夫人が関わっていれば、反対したに違いありません。なぜなら、1990年代にタリバン政権がアフガニスタンを支配していた時には、女性には学校に通う権利も与えられず、自由に仕事に就くことも認められなかったからです。

実際、2021年11月、タリバン政権は「女性には教育も必要なく、仕事に就くことも認めない」という政策を打ち出しました。これでは女性の権利を強化し、男女平等な社会を広めることを慈善事業の最重要課題としているメリンダ夫人には容認できないことだらけです。ゲイツ氏に任せていたのでは、アフガニスタンの女児や女性は教育や仕事の上での機会均等は望むべくもないということになります。メリンダ夫人は危機感を強めている様子です。メリンダ夫人はこう語っています。

「私が死ぬことになる日に、望むことは一つだけです。周りの人たちから、こう思ってほしいの。彼女は立派な母親で、愛すべき家庭人で、そして頼れる親友だったわね、と。早く行きたい時には、1人で行くのがいいでしょう。でも遠くまで行きたいなら、仲間と行くのが1番だと思うわ」

いまや、カマラ・ハリス副大統領に次いで「アメリカで2番目に大きな影響力を持つ女性」(『フォーブス』誌)とまで言われるようになったメリンダです。彼女は毎朝6時30分に起床し、1時間の瞑想とヨガを日課にしています。仲間と共に遠くへ向かう構想を静かに練っているに違いありません。

つまるところ、メリンダから見ると、ビル・ゲイツは1人で急いでいるわけです。人口削減のためのワクチンや種子の独占ビジネスに関しても、また、ノーベル平和賞のために異常性愛者とつるんだりしたことも、愛すべき家庭人とは正反対でした。これではメリンダ夫人のみならず、親しかったバフェット氏からも三下半を突き付けられることになったのも当然でしょう。

メリンダ夫人とすれば、「どうして私の言うことを素直に聞いてくれないの。それでは遠くまで行けないわ」と、離婚を迫らざるを得なかったわけです。その彼女の見通しが正しかったのか、それともひとり身になったゲイツ氏は世界征服という野望に向かって更なる秘策を繰り出すのか。ビルとメリンダによる慈善事業ビジネスでの覇権争いレースは正に始まったばかりです。

第六章

「世界一の大富豪 イーロン・マスク」を骨抜きにした美女たち

別れても好きな人（タルラ・ライリー）

「マスクぎらい」のマスク氏の強気発言の数々

「イーロン・マスクって誰？　最近、よく聞くけど何者？　ずいぶん派手に結婚、離婚を重ねているらしいね。火星に移住するって本当？」

そんな具合に、世界中で大勢の人々が関心を寄せるようになった人物。実は、2021年、世界が新型コロナウィルスのパンデミックで右往左往し、経済活動も悪影響を受けていたにもかかわらず、業績を飛躍的に伸ばし、世界一の資産家に躍り出た人物です。アマゾンのジェフ・ベゾス氏やマイクロソフトの創業者であるビル・ゲイツ氏を蹴落としてしまいました。

それが南アフリカ生まれのイーロン・マスク氏に他なりません。50歳になったばかりの大富豪で、個人資産は30兆円に迫る勢いを見せています。若くして、アメリカで起業し、アメリカ、カナダ、南アフリカの3カ国の国籍を持つビジネスマンです。

何しろ、彼が率いる電気自動車会社「テスラ」の株価上昇率は1000％超（2020年）で、時価総額は80兆円を突破。これはトヨタ自動車（21兆円）の4倍にも上るものです。トヨタと比べ、販売台数で比べれば30分の1ですが、利益率では圧倒的な優位性を示しています。

そんな飛ぶ鳥を落とす勢いのマスク氏の強みは個人的な自己主張の強さにあります。ツイッターのフォロワー数は6000万人を超え、SNS上での人気はトランプ前大統領を寄せ付けないほどの浸透力を誇っています。毎日、10回を超すツイッターによる情報発信でファンの獲得に特異な才能を発揮しているのです。

何しろ、〝強気〟発言がマスク氏の持ち味です。「GMを買収するかも」「アップルを抜くのは時間の問題」「サイボーグ人間誕生に向けての人体実験を始める」「2050年までに火星にコロニーを建設する」等々、ウソか本当か見分けがつきません。そのため、「フォルクスワーゲンやトヨタも買収されるのかも知れないな」と本気で気にする投資家も続出です。

実は、新型コロナウィルスに関しても、話題作りの天才ぶりを遺憾なく発揮しています。「コロナワクチンは接種しない」「PCR検査は信用できない」「マスクは健康に悪い」など、言いたい放題を続けているのですが、どこからもお咎めがありません。

実際、2020年、彼は自らが所有する宇宙ロケット会社「スペースX」のロケット打ち上げに立ち会うため、フロリダ州のケネディ宇宙センターに出かけた際、入口でPCR検査をしたのですが、「陽性」反応が出たため、入場を拒否されました。しかし、「そんなはずはない。もう一度検査してくれ」と言って、再度検査してもらったのですが、またもや「陽性」だったといいます。

普通なら、そこで諦めるのでしょうが、マスク氏は「相手がイエスというまで、ノーはノーではない」という独自の哲学の持ち主です。そこで、3度目の検査を要求すると、何と「陰性」となったのです。そこで、念のため、4度目の検査をすると、やはり「陰性」でした。

そのため、無事に自分の所有するロケットの打ち上げに立ち会うことができました。同じ日、同じ検査キット、同じ看護師で、この違いです。そうした経験もあり、「PCR検査は信用できない」といった発言になったものと思われます。

ホリエモンも前澤友作氏も三木谷浩史会長もマスク・ファン

この一件が示すように、マスク氏にとっては、たとえ好きになった女性から「ノー」と拒絶されたとしても、「彼女のノーはイエスのはずだ」と解釈することで、最終的に彼女を口説き落としてきたわけです。言い換えれば、世界一の大富豪になるには、それくらいの自信というか信念が欠かせないということでしょうか。

しかし、そうした歯に衣着せぬ物言いや、大胆不敵とも思える行動力を見せつけることで、マスク氏は多くのファンを獲得していることは間違いありません。そして、こうしたファンの多くが、マスク氏への共感と連帯を示す意味を込めて、テスラの電気自動車（E

Ｖ）の顧客になっているのです。

いずれにせよ、世界を騒がすことにかけては、マスク氏に勝る人物は見当たりません。そのため、アメリカでは「彼が次に何を言うかを競い合って当てるサイト」も人気を博しているほどです。

その彼がアフガニスタンで復権を果たしたタリバンについて発したツイッターが大きな話題となりました。何を言ったかと言えば、「タリバンの幹部たちは誰一人マスクをしていない！　彼らはデルタ株など恐れていないようだ」といった半分冗談のようなコメントです。

多くのフォロワーが「なぜタリバンのマスク不使用を問題にしたのか」といぶかったものです。本人からの明確な返答はありませんが、思い起こせば、２０２０年から電気自動車テスラのカリフォルニア工場では従業員がマスクをしていないことで州政府から改善命令が出たことがありました。

その時、マスク氏は「コロナ感染を怖がっていたのでは事業はできない。マスクを付ける必要のないテキサス州へ移転する」とカリフォルニア州政府に反旗を翻したものです。何やら、アフガン政府やアメリカ軍の統治に反旗を翻したタリバンに親近感を感じてのコメントだったかも知れません。ことほど左様に、彼の一挙手一投足は話題を呼びます。事業面での成功も失敗も、話題作りに活かすのがマスク氏流なのです。

実のところ、「スペースX」は打ち上げ後の着陸で相次ぐ失敗を重ねてきました。しかし、マスク氏の口癖は「失敗は成功の元」です。徐々に改良を加えることで、今ではNASAからお墨付きを得るまでになり、宇宙ロケットの打ち上げ、回収ビジネスではナンバー1の地位を確保するまでに成長しています。それまでのアメリカの宇宙ロケットは1回切りの使い捨てで、コストもべらぼうでした。

そこでマスク氏はリユース（再利用）できる宇宙ロケットの設計、開発に取り組み、「できっこない」との懐疑論者の鼻を明かして、見事、成功を勝ち取ったのです。そうしたマスク流のビジネス手法にはアメリカ以外にもファンが多く、日本のホリエモン（堀江貴文氏）も、ZOZOファウンダーの前澤友作氏も、はたまた楽天グループの三木谷浩史会長も大のマスク・ファンであることが知られています。

更に興味深いことに、マスク氏は「敵を作り、ファンを集める作戦」にも独特の感性のヒラメキを感じさせてくれています。世界を揺るがす地球温暖化や環境破壊、そして人工知能（AI）による人間を無用化するような技術の進化、そうした危機的状況をもたらす現象を全て「敵」に見たて、敢然と立ち向かう姿勢を打ち出していくのです。

例えば、電気自動車「テスラ」によって「地球環境を守る」と訴え、宇宙ロケット「スペー

ＳＸ」によって「地球以外の惑星への移住を可能にする」と夢を提供し、「ＡＩに負けないサイボーグ人間を生み出すため」とビジョンを語り、人の脳とＡＩの合体をめざす「ニューラリンク」を起業するという次第です。

狙った標的は諦めず、意表を突いたアプローチで手に入れる

そんな破天荒丸出しのマスク氏ですが、少年時代から空手道場に通い、ＳＦ小説と日本のアニメが大好きで、絵文字を使ったＳＮＳを得意としています。特に「もののけ姫」は繰り返し見ているとのこと。しかし、アニメや絵文字以上に大好きなのが美人女性のようです。何しろ、「夜、ベッドでの1人寝は耐えられない」と公然と発信しているほどですから。

これまで3回結婚しています。もちろん、その間、恋人やガールフレンドは数え切れないほどです。正式に認知している子供の数は7人らしいですが、本当のことは誰にも分かりません。2番目の妻とは結婚と離婚を繰り返していました。しかも、別れた妻や恋人とも「今でも愛している」と平然と連絡をとりあい続け、元妻同士の仲間意識を盛り上げているようで、その太っ腹には驚かざるを得ません。

最初の結婚相手は大学時代に一目ぼれしたジャスティンでした。マスク氏は、彼女と同じカナダのクイーンズ大学に通っていたため、同じキャンパスで見初めたようで、アイス

クリーム・デートに誘います。マスクは幼い頃からアイスクリームが大好物でした。そのため、デートでもしばしばアイスクリームをおごって、相手をとろりとさせようとしたのでしょう。しかし、真面目過ぎるいで立ちの上に「確かこの前、どこかのパーティーで会ったよね」というウソをついて近づいてきたマスク青年には彼女は不信感を抱き、デートの誘いを無視したのです。

ところが、授業が終わって図書館で本を読んでいると、すぐ後ろからチョコレートアイスのコーンを2つ持って、にっこり笑うマスクがいるので驚いたといいます。しかも、アイスクリームは既に解け始めており、急いで外に出てほおばりながら話をするきっかけとなったのです。狙った標的は諦めず、意表を突いたアプローチで手に入れるという作戦に他なりません。

このジャスティンは文学少女でした。将来は小説家を目指しており、図書館や本屋を巡るのが趣味というわけで、本屋の書棚を見上げては「いつかは私の作品が飾られることを目指しているの」と周りの友達に告げるのですが、誰も本気で受け止めてくれなかったそうです。

ただ1人の例外がマスク青年でした。

「その気持ちはよく分かる、自分も将来へ向けた自分だけの夢を持っているから。僕の中には炎が燃えている。君と話していると、君の中に、自分を見ているようだ」

マスクらしい口説き文句です。ジャスティンは後に出版することになった小説やインタビュー記事の中で、マスクの思い出を綴っています。

「男女平等、夫婦対等」対「男性優先、白人至上主義」の対立

ジャスティンは大学を卒業すると、日本でのESL（English as a Second Language 英語が母国語でない学生のために設けられた英語プログラム）に参加し、1年間、英語を教えました。その後、カナダに帰国するのですが、大学院に進むか、再度、日本に戻るか悩んだと言います。その当時、マスクはアメリカのシリコンバレーにて「Zip2」というドットコム企業を立ち上げていました。

カリフォルニアで再会した2人ですが、マスクは彼女に「子供は何人欲しい？」と尋ねます。彼女の答えは「1人か2人ね。でもナニー（住み込みベビーシッター）を雇えるなら、4人の子供が欲しいわ」。すると、マスクはすかさず「そこが君と僕の違いだな。ナニーなんていくらでも雇えるさ。ほら、ここにもいるよ」と言って、赤ん坊をあやすフリをしたと言うのです。

食事が終わると、その足で、近くの大型書店に向かい、ジャスティンにクレジットカー

ドを渡し、「これで好きなだけ本を買ってくれ」と告げたのでした。後に彼女が言うには「あんなスイートな口説き文句は初めてだったわ」。

そして、2人は結婚したのです。当時、彼女曰く「彼は私だけのアレクサンダー大王でした」。要は、湯水の如くお金に不自由しない生活を保証してくれたからです。マスクが起業したネット決済の「ペイパル」をeBayが買収したため、彼の下には大金が転がり込んできたのです。

しかし、好事魔多し。2人の間に生まれた最初の男の赤ん坊は生後10週間目にSIDSと呼ばれる急性乳児突然死症候群で脳死状態に陥ってしまったのでした。酸素呼吸器なくしては生きられない事態に直面し、ジャスティンとマスクはこの長男の命を見限る決断を下します。ジャスティンは自分の腕の中で息を引き取った息子のことが忘れられなかったと語っており、生涯消えない深い傷になったようです。

ところが、マスクは「早く忘れよう」と、一切、息子のことは封印してしまったのです。その後、ジャスティンは様々な治療を受けます。そして、体外受精で双子、三つ子と5人の子供を出産しました。とはいえ、仕事中心のマスクは家庭生活や育児には気が向かないようで、ジャスティンは徐々に精神的に落ち込むようになります。

「スターター・ワイフ」(夫の成功のきっかけを作った妻)と呼ばれた彼女に言わせれば、マスクは仕事最優先で、1日20時間以上働くこともあります。家にいる時も、心は別に向いていたとのこと。ジャスティン曰く「彼とは心を通わせるコミュニケーションを持ちたかったのですが、叶いませんでした。私は大金持ちになったマスクのお飾りに過ぎなかったようです。彼は口癖のように、君は本の読み過ぎだ、と言っていました」。

また、マスクはブロンドが大好きで、ジャスティンにも髪の色を染めるようにしょっちゅう注文を付けたのですが、彼女は自然派で彼の要求には応じなかったと言います。こうした小さなすれ違いが積もり積もって、マスクも声を荒らげることが多くなったそうです。

マスク曰く「君が社員なら、即刻、クビだ！」。

ジャスティンの下した結論は「マスクはターミネーターです。狙った獲物を逃しません。徐々に近づいていき、自分のものにしてしまいます。私もその最初の獲物だったようです」。

ビジネスと同じ感覚で、マスクは次々と新たな標的を追いかけるのでした。

結局、2人の溝は深まる一方になったため、揃って結婚カウンセリングを受けたそうですが、マスクは長続きしません。2008年春、マスクの運転する車が別の車と衝突事故を起こしました。幸い同乗していたジャスティンは無事で、相手の車にもケガ人はでなかったといいます。しかし、この事故に遭遇して、ジャスティンは目が覚めたと告白しています。曰く「マスクの運転する人生に同乗しているだけでは、自分は単なる飾り物に過ぎない。下手をすると殺されてしまうかも。もう一度やり直したい」」。結局、この事故をきっかけに8年間の結婚生活に終止符を打ったのでした。マスクにとっては「男女平等、夫婦対等」という発想は馴染まなかったようです。

ジャスティンによれば「彼はアパルトヘイトの南アフリカで生まれ育ったので、男性優先、白人至上主義が浸み込んでいるから、仕方がありません。別れてホッとしていますが、彼の発想や行動力、そしてビジネス展開には今でも敬意を払っています」と、理解を示しています。

ローラーコースターのような結婚、離婚劇の連続プレーを演じる

一方、マスクの気持ちの切り替えは素早い限りでした。ジャスティンとの離婚を決めると、その6週間後にはタルラ・ライリーとの婚約を発表したのです。ライリーといえば、映画『プライドと偏見』で知られる英国生まれの女優です。ロンドンで出会ったわけですが、14歳の差の2人でした。

しかし、「火星征服」のアイディアで盛り上がったといいます。マスクにとって「火星」は女性の気を引く最強兵器に他なりません。興味深いのは、先妻のジャスティンは先輩として、2番目の妻となったライリーに激励のメールを送っていることです。その中で、「フ

レンチ・スタイルで行きましょう」と提案しています。

何かと言えば、アメリカ映画と違って、フランス映画では「先妻と後妻が仲良くなる」シーンが多いのです。「私たちもそのラインで行きませんか？」というワケです。結婚当時、20歳を過ぎたばかりのライリーですが、大いに感動したようで、「是非とも、そうしましょう。フレンチ・スタイルがいいですね」と応じ、実際、2人は大の仲良しになりました。

しかも、マスクの5人の連れ子をしっかり面倒見たといいます。要は、前妻とも、その子供たちとも信頼関係を築くことになったわけです。そうした女性の可能性を見出す能力がマスク氏には備わっていたのでしょう。

ただ、この2度目の結婚も波風が強く、2010年に正式に結ばれたのですが、2012年には離婚します。その後は付かず離れずを繰り返し、1年半後には再婚することに。しかし、長続きすることはなく、2014年の大晦日には再び離婚となりました。その後もよりを戻して再婚しましたが、2016年には再び、離婚をするというローラーコースターのような結婚、離婚劇の連続プレーを演じました。ライリーはブロンドでしたが、マスクの関心は長続きしなかったようです。

ちなみに、ライリーは最初の離婚で600万ドル、2度目の離婚で2860万ドルの慰謝料をマスクから受け取っています。ライリーの結論は「マスクは本当にクレイジーです。

彼のような人は他にはいません。彼との人生は危険なレースでした」。

「日本びいき」で「社会主義者」の変わり種

ライリーと別れると、マスクが次に標的としたのは海賊映画で有名なジョニー・デップと離婚したての女優アンバー・ハードでした。ところが、この恋愛は1年で破綻します。2人とも仕事が忙しく、すれ違いばかりだったことが最大の要因とされています。しかし、2017年、マスク氏曰く「俺は今でも彼女を愛している。彼女と別れて心がとても傷ついた。悲しい」。

そんなに心残りなら、自分のスケジュールを調整すれば良いと思うのですが、上手く行かない時には「責任は自分でなく、相手のせいにする」のがいつものマスク流ですから、仕方のないことでしょう。

そして、現在進行形の3番目のパートナーは2018年に2人でファッションの祭典「メット・ガラ」のレッド・カーペットに登場したグライムスです。本名はクレア・ブーシェイと言います。結婚はしていませんが、彼女は、「50歳過ぎたら彼と一緒に火星へ移住し、最期は火星で迎えたい」という未来ビジョンを語り、マスク氏と意気投合しているとのこと。何しろ、2人が出会ったのはＡＩや宇宙人に関するジョークの世界でした。

マスク氏が得意のツイッターでジョークを飛ばそうとしたところ、同じネタでグライムスが先に人気を取っていたことが分かり、彼から彼女にアプローチしたというわけです。似た者同士ということでしょうか。マスク曰く「彼女はパワフル・クイーンだ」。

傑作なのは、この3番目のパートナー、即ち実質的な妻となったグライムスはカナダ人の有名なハイパーポップ歌手で、彼女の最初のアルバム3枚は全てアップルのソフトウェア「ガレージバンド」を使って生み出したものです。ソフトウェアやSNSの活用術に関しては、グライムスの方がマスクの上を行っていることは多くが認めています。グライムス曰く「イーロンのSNSの使い方は古いわね。もっと斬新な活かし方を指導してあげなくっちゃ」。

彼女との間にできた男児の名は略称「X」といいます。正式な戸籍上の名前は「X AE A-12 Musk」というのですが、誰も読めないので、短く「X」で通しています。「アッシュ」と発音する「AE」はAIのことですが、パートナーで母親のグライムス曰く「AIは〝愛〟のこと」。マスク氏もグライムスさんも日本や日本語がお気に入りのようです。

そんな「日本びいき」のマスク氏ですが、2018年6月16日、自らのツイッターで「自分は社会主義者だ。真の社会主義とは万人のために尽くすこと」と宣言し、続けて「マルクスは資本主義者だった。そんな本を書いていただろう」と、社会主義国に住む人々が聞けば腰を抜かすような勝手気ままな解釈をぶちまけたものです。

２０２１年末の時点で同棲中のグライムスとは一時、別れたとのウワサが流れましたが、どうやらお互いの仕事が忙しいため、住まいを別々にしているだけのようです。そんなグライムスがメディアからの追っかけを煙に巻くかのように、自らのインスタグラムに登場させたのがマルクスの『資本論』を熟読中の自身の姿でした。

意外な組み合わせに、世間が目を疑ったものです。しかし、ここにもマスク氏の影が見え隠れしています。というのも、マスク氏は先のツイッターで「だいたい自分で社会主義者と言っているような連中は性格が暗くて、ユーモアのセンスがない。そのくせ、授業料の高い大学に通っていたもんだ。運命なんて皮肉なものさ。自分は国の税金を皆が喜ぶような事業に活かすことのできる真の社会主義者だ」と自己ＰＲしているからです。

しかも、「将来、火星に移住し、コロニーを建設する予定だが、そこでは真に平等な社会を目指す」とまで発言。「そこで流通するのはドルではなく、暗号通貨のビットコインだ」というわけです。

実は、マスク氏は仮想通貨の普及にも熱心で、テスラの車の代金の支払いにもビットコインを受け付けるとツイッターで発表し、大きな話題を呼びました。しかし、ビットコインの価格が乱高下したため、仮想通貨での支払いはたちまち中止となってしまったようです。

「武士道」に造詣深く「セップク」は「セックス」と表裏の関係と認識？

それやこれやで、話題となる発言は多いのですが、長続きしないものもよくあります。そこで、これではさすがに言い過ぎと思ったのか、「自分のツイッターでの発言はあまり真面目に受け取らないでほしいな。だって、ツイッターなんだから」と、意味不明の言いぐさを続けています。こうした点が、グライムスからすれば、「中途半端なSNSオジサン」と映るようです。

そうは言っても、マスク氏は『資本論』の解釈にせよ、女性の評価にせよ、自己流を突き進む人物に他なりません。アメリカの人気テレビ番組「サタデー・ナイト・ライブ」に生出演した時には、「自分はアスペルガーだ」と告白しました。通常よく言われるのは「アスペルガー（自閉症スペクトラム）は天才か自閉症か紙一重」とのことですが、マスク氏の場合はどちらでもなく、地球的価値観に囚われない、いわば「宇宙人」に近いといえそうです。

そもそも自分では「俺こそ真の社会主義者」と豪語しながら、テスラはじめ自分の会社内には労働組合を認めていません。また、女性社員の数は極端に少なく、SDGsとは真逆です。しかも、政治的コネをフル稼働させ、NY州やテキサス州からも税制優遇措置を勝ち取り、ほとんど税金を納めていません。

テスラ氏曰く「俺は社会主義者、だから税金を上手く使う」。これでは、「ご都合主義の社会主義者ではないか」との批判も出てきます。しかし、自分にとって都合の悪いことは、何を言われても気にしないのがマスク流です。

いずれにせよ、マスク氏の宇宙人的発想を支えているのは故人の業績や名前も最大限に活用するというアプローチです。既にあの世に旅立ってしまったニコラ・テスラやスティーブン・ホーキング博士など天才と呼ばれる歴史上の人物から自分にないものは平然とゲットするのが常です。また、目の前の事業展開に必要なブレークスルーにしても、自分にないものは他社から積極的に入手し、その内、自分のものにしてしまいます。

その典型例が電気自動車に欠かせないバッテリーです。日本のパナソニックから入手しました。また、ロケット技術はNASAのOBを採用して手に入れています。同様に、デジタル決済は銀行など金融界のOBを社内に取り込み、自社開発を成功させているわけです。自らを「万能選手」のように見せることが巧みなマスク氏ですが、多種多様な技術を全て理解し商品化するには無理があります。

そこで、故人を含む他人の頭脳を上手に使っているわけです。多くの女性と浮名を流すマスク氏ですが、自らの人生哲学として、女性との関係を最重視しているようです。

「自分の人生に女性は欠かせない。できるだけ時間を作り、デートをこなし、楽しんできた。これからもガールフレンドがなくては生きていけない」

結婚生活は短く切り上げるのが得意ですが、ガールフレンドとして身近に女性を感じておくことで、ビジネスに邁進するエネルギーが得られると信じているようです。マスク氏は幼い頃から日本の文化に親しんでいるため、武士道精神にも造詣が深く、「事業で失敗すれば、切腹する覚悟で臨んでいる」と公言しています。

彼にとっては「セップク」は「セックス」と表裏の関係にあるといっても過言ではないでしょう。数多くの女性と結婚、離婚、そして交際を重ねてきているマスク氏です。狙いを定めた女性は逃しません。その成功体験がビジネスへの自信につながっているに違いありません。その観点でいえば、世界一の大富豪になった裏には、数多くの女性との恋愛パワーが欠かせなかったと思われます。

別居とのウワサが流れていたグライムスとマスクの関係ですが、どうやらグライムスから別れ話が出てきたようです。というのも、彼女が2021年12月にリリースした新曲のタイトルは「ゲームのプレーヤー」と題したものですが、その歌詞の中ではイーロンと名指しはしないものの、それと分かる表現で彼への失望感を表現しているからです。曰く「私は世界最強のゲーマーを愛しています。でも彼はいつもゲームに夢中で、私は二の次なのです。宇宙に飛び立っても私の愛では彼を救えません」。意味深な歌詞ですね。

一方のマスクは「俺たちはセミ別居なのさ。息子のXは2人で育てているから大丈夫」と唯我独尊ぶりを続けています。グライムスに言わせれば、「マスクは自己中の塊」で「避妊具を使わず、妊娠させ、出産の苦しみを全て私に押し付け、自分はビジネスというゲームに夢中」というわけです。しかし、それをネタにして新たなヒット曲を生み出しているのがグライムス流なのでしょう。彼女にとって、マスクは今やボーフレンドの1人という位置づけのようです。これも新たなライフスタイルかも知れません。

政治家や研究者を女性同様に口説き落とす

ところで、マスク氏は最近、「ニューラリンク」という新規事業に力を入れており、人間の脳を人工知能（AI）と合体させることで、人間の能力を飛躍的に向上させ、「AIに支配されないようにする」との主張を展開しています。人間の身体をインターネットと一体化させるというわけで、いわゆる「IOB（Internet of Bodies）ビジネス」に他なりません。

実は、ツイッター等で自己宣伝を繰り返すマスク氏ですが、アメリカの国防総省に限らず、NASAとも連携し、人体能力の飛躍的向上のための支援も惜しみなく提供していることはほとんど表に出そうとしません。マスク氏は元々、「不死身の兵士」いわゆる「ロボット兵士」や宇宙空間で判断力や耐久力を発揮するような飛行士を生み出す研究をアメリカ政府からの資金を基に進めてきていたのです。

ＮＡＳＡからも国防総省のＤＡＲＰＡ（国防高等研究計画局）からも資金調達を成し遂げ、アメリカが新たに創設した「宇宙軍」用の宇宙船、偵察・通信衛星、月や火星での基地建設、兵器のリモート運用、ワクチン開発、兵士の意識コントロールなど、国家的なプロジェクトにも深く食い込んでいるのです。ここまでアメリカ政府の予算を汲み上げている人物は見当たりません。

「スペースX」の一部である「スターリンク」では全世界にインターネットを届けるための通信衛星を、２０２３年を目標に1万２０００機打ち上げる計画を着々と進めています。国家予算を１００億ドルも確保し、既に１８００機を打ち上げ済みです。通信環境の遅れた世界11カ国へのサービスの売込みにも力を注いでいます。

しかも、スペースXは２０２４年までに航空機産業を飲み込む戦略をも秘めているようです。従来の飛行機をスペースXの「スターシップ・ロケット」に取って代わらせるというのです。そうすれば、「地球上のどの地点からどの地点までも40分以内に移動できる」とのこと。

また、燃料はクリーンなメタン（ＣＨ４）を使うので、環境に負担をかけないというこではありませんか。これも夢のある大胆なビジョンですが、どこまで実現できるのか、世界が注目しているわけです。

マスクの得意技は公的資金の獲得で新規事業を推進することです。「スペースX」も政府から50億ドルの資金を調達して始めました。太陽光発電を備えた「ソーラーシティ」構想にしてもニューヨーク市から工場建設費を受け取っています。土地の使用料も年間1ドルという破格の待遇です。しかも、10年間は州税を免除といいます。また、ネバダ州ではテスラの工場誘致に13億ドルを投入しました。

いずれも地元の政治家を懐柔した結果に他なりません。オバマ元大統領も現職中、マスク氏の案内で「スペースX」本社を見学し、支援を約束しました。要は、民主、共和両党に多額の献金を重ね、良好な関係を構築しており、その成果を確実に手に入れているのです。

2021年7月末にはグーグルやドバイの投資ファンドから多額の追加研究資金を調達したばかりの「ニューラリンク」です。更に、iPS細胞の研究でノーベル医学賞を受賞した京都大学の山中伸弥教授を口説き落とし、新たな研究の実用化に向けて動き始めたといわれています。

マスク氏の読みでは、2030年代までには体内にマシーンが当たり前のように装着されるというわけです。彼の指揮の下で、思考を司る脳の一部である外皮をクラウドと接続する実験も進んでいます。

現在でもパーキンソン病の患者は脳内にコンピュータを埋め込むことで、治療に活路が見出されてきているわけですが、2030年代には脳内に埋め込んだチップで記憶力も判断力も格段に向上することが期待されています。

もちろん、まだ動物実験の段階ですが、間もなく人への応用実験が始まることは間違いありません。既にアメリカの食品医薬品局（FDA）からは「革命的なデバイス」とのお墨付きを得ているわけですから。ニューラリンクの技術を使えば、人は埋め込まれたチップから直接、音楽を聴くこともできるようになるでしょう。ホルモンの分泌も思いのままです。

そうなれば、不安心理も解消できるし、理性や判断力も飛躍的に高めることもできるはずです。うつ病などは過去のものになると言われています。果たして、どこまで実現するかは定かではありませんが、見方によっては、人間が自然な人間であり続けることが難しい時代が迫っていると言えるかも知れません。しかし、マスク氏にとっては気に入った女性を口説くのと同じ感覚で、人間の持つ限界を突破しようとしているものと思われます。

万人が惚れ込む「火星移住計画」

とはいえ、問題も発生しています。ニューラリンクの顧問のハーバード大学チャールズ・

リーバー教授はアメリカで逮捕されてしまいました。それは中国政府が進める「千人計画」を通じて、アメリカの先端技術情報を流した容疑です。アメリカは2018年「サイボーグ兵士2050」計画を開始し、人間とマシーンの合体を進めています。新たな戦場で活躍するのはサイボーグ兵士という考えに他なりません。

ところが、対抗上、中国も同様の戦略を進めているわけです。その点、リーバー教授は2015年に「ナノスケール移植デバイス・システム」に関する特許を取得しており、中国から見れば「喉から手が出るほど欲しい技術」です。そこで、中国はリーバー教授にアプローチし、中国科学院の外国人会員に迎え入れました。

世界初のサイボーグ兵士をめぐる米中の競争が過熱する中で、頭脳獲得レースが火花を散らしているのです。リーバー教授の持つ特許はポスト・コロナ時代に向けたデジタル監視にも応用が期待されているため、中国はその頭脳を得るために非合法な手段に訴えたものと思われます。マスク氏も間接的ながら技術移転に関わっていた可能性が指摘されているようです。

それやこれやで、常に話題満載のイーロン・マスク氏ですが、ロシアのプーチン大統領ともウマが合うようです。というのも、2021年夏には、人類の火星への移住計画という話題で大いに盛り上がったと自らのツイッターで紹介しているからです。

マスク氏曰く「早ければ2024年には火星へロケットを送り届け、2050年までには自給自足のコロニーを建設する」。

当初はカプセル式の人工都市を誕生させ、地球からの観光客を送り込むそうですが、「次の段階には火星の大気を人工的に変化させ地球に近い環境を整備する」と言い張っています。いわゆる「テラフォーミング」計画です。

そうなれば、火星が人類の住む新たな惑星になるというわけでしょう。マスク氏もプーチン大統領も「遅かれ早かれ、地球は人類が住めなくなる」との危機感を共有しています。現在の同棲相手のグライムスも、こうしたマスク氏の語る火星への移住計画に惚れ込んでいるようです。2番目の妻となったライリーを口説き落とした際の武器も「火星移住計画」でした。そして、3番目となったグライムスも火星や宇宙の話題で盛り上がっています。

さて、そんなイーロンとグライムスの2人にとって、驚きの情報が届きました。何かといえば、火星の地表が隆起したと思われる映像を分析した結果、日本の前方後円墳とそっくりな建造物が確認されたのです。研究者の間では「数百万年の昔、火星には高度な文明が発達していたが、核戦争を含む大災害の結果、全てが破壊された可能性がある」との指摘がされています。

確かに、Google Earth（Mars）で調べると、日本の古墳とよく似た鍵型の建造物が見て取れるではありませんか。とはいえ、NASAは「数十億年の間に起こった隆起の結果に過ぎず、人工物の形跡とは認めがたい」とコメントしています。

しかし、カリフォルニア大学のブランデンブルグ博士曰く「火星に大量に残るキセノン129と呼ばれるガスは核爆発によってしか発生しない」。そのため、宇宙やUFOに関心を寄せる人々の間では「火星人がいたことは間違いない。核戦争で滅亡した可能性がある。ひょっとすれば日本人の先祖かも知れない」とまで言う人々が現れています。

実は、既に紹介したように、火星への移住計画を本気で考えているマスク氏は大の〝日本びいき〟です。であるならば、火星で見つかった日本式の古墳を新たな観光資源として活用することも考えているのかも知れません。しかも、出産後もシンガー・ソングライターとして活動を続けているグライムスは「マスク、火星、日本」の3点セットが揃ったことを、新たに壮大な宇宙テーマの音楽を生み出す絶好の機会と受け止めているようです。

マスク氏が意気投合している政治家はプーチン大統領だけではありません。トランプ前大統領やバイデン大統領、そして中国の李克強首相ともパイプを太くするように知恵を絞っています。様々な新規ビジネスを成功させるには政治を味方につけることが欠かせないとの判断からです。

例えば、マスク氏はトランプ大統領と一時は親密な関係となり、ホワイトハウスで開催される大統領諮問員会のメンバーにも就任していたほどです。環境問題やエネルギー政策に助言をすることになったのですが、トランプ大統領がパリ協定から離脱したのみならず、電気自動車への支援策を講じようとしないため、袂を分かつことになりました。行動の素早さはずば抜けています。

そして、女性を乗り換えるのと同じように、政治パートナーもトランプからバイデンに乗り換えたのです。余談ですが、２０２０年の大統領選挙におけるアメリカのビッグ・ファーマ（大手製薬会社）によるバイデン候補への献金額は５９０万ドルでした。一方、トランプ大統領への献金額は１５０万ドルに達しませんでした。その最大の理由は、トランプ氏が大統領令によって、薬価の切り下げを強硬に実現しようとしたためです。

あまり知られていませんが、アメリカで使われている医薬品の90％は低価格が売り物のジェネリックです。そのため、製薬会社にとっては厳しい経営環境が続いています。ビッグ・ファーマとすれば、新薬の開発にも前向きなバイデン候補の方が、何を仕出かすか、先の読めないトランプ大統領よりは頼りがいがあると判断したに違いありません。

従来、マスク氏も製薬業界も共和党支持でしたが、前回の大統領選挙ではバイデン候補への政治献金が急増した理由はそこにあったのです。コロナ騒動が発生した時点から「通常のインフルエンザと変わらない。コロナなんか怖くない。ワクチンなど必要ない」など、専門家の意見を無視し続け、身内の娘婿クシュナーが推薦する医療とは無関係な会社に人工呼吸器や感染防護服などを優先的に発注するなど、身勝手に予算を振り分けたトランプ大統領に見切りをつけた形でもありました。

とはいえ、これはまずいと思ったのか、トランプ大統領は選挙戦の終盤になると、突然、「ファイザーもモデルナも素晴らしい貢献をしている」と取ってつけたような発言を繰り出しましたが、時すでに遅しだったわけです。

世界の美女たちも、彼からの誘いに「ノー」とは言えない

話をマスク氏に戻しますと、その後、バイデン候補の選挙事務所の資金集めの責任者に「テスラ」社の幹部を送り込むなど、バイデン大統領の誕生に向けて、水面下で支援を惜しまなかったのです。その甲斐あって、バイデン新政権からは電気自動車の普及に欠かせない充電設備やインフラ整備の予算を勝ち取ることに成功しました。

何しろ、バイデン大統領が掲げる2兆ドル（約220兆円）の社会インフラ整備予算の大半がマスク関連と言っても過言ではないからです。環境対策としての電気自動車、通信衛星によるインターネット回線の充実、ＡＩを活用したコロナ対策のワクチン開発等、枚挙の暇がありません。

温室効果ガスを減らし、地球環境を保護するという観点からも、アメリカでも中国でも電気自動車の普及は確実視されています。中国の上海郊外に海外最大の電気自動車の生産拠点を構えるマスク氏は、李克強首相から「中国の市民権を提供したい」とまで言われるほど、中国でも期待される存在なのです。

「2040年までに電気自動車の占める比率は現在の4%から70%に伸びる」と予測されているほどです。バイデン政権では政府の公用車はもちろん、消防車、救急車、郵便配達車なども全て電気自動車に変える方針を打ち出しています。

世界最大の電気自動車メーカーを率いるマスク氏にとっては「わが世の春の到来」と言えるでしょう。この勢いには並み居る世界の美女たちも、彼からの誘いに「ノー」とは言えなくなっているようです。もちろん、マスク氏にとっては、気に入った女性からの「ノー」は「イエス」なのですから、たいした違いはないでしょうが。

中国にすり寄るマスクの思惑

さて、そんな話題豊富なマスク氏ですが、これまでカリフォルニア州を拠点に活動を展開していました。そして7軒もの大豪邸を自慢していたものです。ところが、最近、これらを全て売却し、テキサス州にある「スペースX」の敷地内に準備させた移動式のプレハブ住宅に引っ越したというのです。

その値段は5万ドル（約550万円）。内装に少しお金をかけたため、本人曰く「6万ドルを若干超えたようだ」。このプレハブ住宅をスペースXからレンタルしてテキサス州で暮らしているとツイッターでは紹介しています。つかず離れずのグライムスとも「ここで一緒に時間を共にすることが多いね。息子のXは隣の部屋で寝ている」と、言うのですが、本当とは思えません。

「所得税支払いゼロ」との批判を避けるためでしょうか。自身は「火星への移住計画には資金がいるので、カリフォルニアに所有していた7軒の屋敷は全て売り払った。火星に向けての準備は万端さ」と煙に巻いていますが、額面通りに受け取る人はいません。

世界一の大金持ちで、誕生日のお祝いにはイギリスの古城やニューヨークの高級クラブを借り切って、友人、知人を多数招いては盛大なパーティーを開いていた人物に何があったのでしょうか。現在のプレハブ住宅は日本のワンルームマンションとほぼ同じ広さです。カリフォルニアから引っ越した際には、「テスラの車でけん引してきた。すごい馬力だ」と、自社の電気自動車の自慢をしていたものですが、理解に苦しみます。

実は、急成長を遂げてきたテスラですが、その最大の売り上げを達成していた中国市場に異変が起こっているようです。外国企業としては初の製造拠点たる「上海メガファクトリー」を立ち上げ、環境に配慮した電気自動車であることをアピールし、売り上げを順調に伸ばしてきたはずのテスラでした。

しかし、中国における自動車販売台数そのものが急激に低下し始めたのです。2021年6月のデータによると、1カ月の販売実績は160万台で、前年同月と比べ、5・3％の落ち込みとなっています。全ての自動車の販売実績の内、電気自動車は対前年比166・9％増の22万3000台が売れたはずだったのですが、問題はそこに占めるテスラの割合に異変が生じているのです。

何とテスラの販売台数は3万3155台しかありません。これは前月の3万3463台からもダウンしています。しかも、国内での販売が厳しくなったせいか、製造した内、5017台は輸出に回しているのです。これから言えることは、テスラの1人勝ちの時代は終わったのかも知れません。

その背景には、中国の国産電気自動車の台頭があります。BYDや上海GMなどに加え、300社を超える国内メーカーが電気自動車市場に参入するようになっており、過当競争に他なりません。当然のことながら、安売り合戦も見られます。その反面、中国のBYDはテスラを上回る4万5332台を売り上げているのです。

中国は世界最大の自動車市場です。そのため、中国政府も自国の自動車産業を育成し、海外に売り込み攻勢をかけ始めたわけです。当初はテスラを歓迎し、破格の条件で現地生産を認めてきた中国政府ですが、その方針を転換するようになってきたのでしょう。というのも、最近では自国内のIT企業などが相次いで電気自動車市場に名乗りを上げてきたこともあり、国産のEV育成方針を打ち出すようになってきたからです。

そのため先行するテスラの足を引っ張るような動きも顕在化するようになっています。例えば、中国政府は「テスラは内蔵カメラでスパイ行為を行っている。テスラ車の軍や政府機関への乗り入れを禁止する」との措置を発表したほどです。メディアやSNSでも「テスラの車はブレーキが効かないなど、不具合が多く、危険だ」といった指摘も相次いでいます。

しかも、中国政府からはテスラ車30万台に対するリコール命令までもが発出されました。マスク氏はそうした懸念や批判の打ち消しに必死になっていますが、なかなか苦戦を強いられているようです。そんな背景もあり、マスク氏は中国政府へのすり寄りと思えるような言動が目立ち始めています。

2021年の7月1日、中国では共産党の創立100周年を祝う行事が盛大に開催されました。その際、マスク氏は「中国共産党100周年を心から祝いたい。特に中国のインフラ整備は素晴らしい」とツイートし、中国のTVにも出演し、「中国はじきに世界一の経済大国になる」とも発言したのです。

　確かに、世界最大の電気自動車市場を抱える中国はマスク氏にとっては大事なお得意様に違いありません。そんな中国で、このところ相次いでリコール問題に直面するテスラであれば、中国共産党を味方につけるのは最重要課題なのでしょう。新たに電気自動車用のデータセンターを中国に立ち上げ、中国政府と必要な情報を共有する姿勢を見せています。

　更には、2021年12月31日には、ウルムチにテスラのショールームをオープンさせました。テスラにとっては中国国内で211番目となる販売拠点です。マスク氏は中国の美しい西域に電気自動車で旅ができる新しい時代の幕開きだと力説しますが、人権問題で揺れる新疆ウイグル自治区の首府への進出は物議を醸しています。とはいえフォルクスワーゲンはウルムチに生産工場を稼働させ、他の自動車メーカーも販売サービスに力を入れているため、マスク氏は中国を味方につけることの方がプラスと判断したに違いありません。

　また、注目すべきは「世界一の大富豪でありながら、税金も払わず、贅沢三昧な生活をしている」との批判の声が高まってきたことです。脱貧困化宣言をした中国ですが、まだ経済的には発展途上国に甘んじています。習近平国家主席は「共同富裕」政策を掲げ、「皆が豊かになる社会を目指す」と檄を飛ばしていますが、逆に言えば、貧富の格差が広がっているということでしょう。アメリカ的な金銭至上主義は常に批判の対象になっているわけです。そうした批判の的になりがちなため、マスク氏は550万円のプレハブ住宅での質素な生活をアピールしようとしているのではないでしょうか。

とにかく、税金回避に走っているとの批判はまずいと判断したようで、2021年12月20日、マスク氏は自らのツイッターで「今年は110億ドルの税金を払うぞ」と宣言しました。財政赤字で国家財政破綻状態のアメリカ政府にとっては、「願ってもないクリスマスプレゼント」になったようです。これはアメリカ史上最大の納税額ですが、テスラ株の10％を売却するだけで250億ドルの利益が得られるわけで、マスク氏にとっては痛くも痒くもない話でしょう。

次なる「救いの女神」を見出すことができるのか

いずれにしても、マスク氏は事あるごとに「自分はお金には執着しない。テスラの社長業にも興味はない」と語っています。その上で、豪邸を売却した資金は「火星への移住計画に使う」とも発言。実は、中国はマスク氏の「スペースX」の持つロケットや衛星の技術にも関心を寄せているようです。

マスク氏の背後にはペンタゴンも控えているため、今後は中国とアメリカの先端技術を巡るせめぎ合いも一層過熱するに違いありません。派手な言動や華麗な女性遍歴で世間の関心をかく乱させていますが、マスク氏の前途は難問、強敵が目白押しです。

果たして、次なる「救いの女神」を見出すことができるのか、大いに気になるところでしょう。

「そういえば、イーロン・マスクって、最近聞かなくなったけど、どうしたのかな？　切腹でもしたのかな？」ということにもなりかねません。

マスクの母親は〝美魔女〟&〝孟母〟だった

イーロン・マスクの女性遍歴は華々しい限りですが、彼にとって最も大きな影響を与えた女性はメイ・マスクに他なりません。言わずと知れた、マスクの母親です。１９４８年にカナダで生まれ、現在、73歳ですが、現役のファッションモデルとして、有名ブランドの広告塔をこなしながら、「美と健康の伝道師」と異名を取る栄養士としても活躍しています。

何しろ、15歳でモデルの仕事を始めたという筋金入りです。60年近くに渡り、ファッション業界に新風を吹き込んできました。まさに「美魔女」の最たるもの。イーロン・マスクという世界を揺るがす起業家の生みの親ですが、周囲の人々に言わせれば、「息子のイーロンが有名人になるはるか以前に、メイの名前は世界に轟《とどろ》いていました」とのこと。

長男のイーロンを含め、3人の子供をシングルマザーとして育てました。南アフリカ出身のエンジニアの夫は家庭内暴力の常習犯だったようで、離婚後は必死で生活費を稼ぎながら子育てに邁進したといいます。生活は苦しく、時には5つの仕事を掛け持ちしながら、何とか子供たちの勇気と独立心を育《はぐく》むことに全力を捧げたわけです。

彼女自身の好奇心溢れる、そして常に笑顔を絶やさない前向きな生き方はイーロンを始め子供たちが後々、実業家や芸術家として成功する土台を作ったことは間違いありません。仕事や子育てを続けながら、大学院で2つの栄養学に関する修士号を習得しました。常に高みを目指す生き方はイーロンにも受け継がれているようです。

もちろん、経済的には苦しかったため、着るものは全てリサイクルショップで、外食は一切なしという生活でした。メイは栄養学の知識を活かし、子供たちにはピーナッツバターサンドを常に用意したそうです。「子供たちには大好評でした。でもある時、イーロンがミルクをこぼしてしまった時には、涙が止まりませんでした」と語っています。なぜかといえば「覆水盆に返らず」ではなく、「もう一本のミルクを買うお金の余裕がなかった」から湧き出た悔し涙だったとのこと。

また、彼女は子供たちに「勉強しなさい」とか「宿題を一緒にしよう」などとは決して言わなかったとのこと。子供たちには自主的な判断を促し、自分の興味を持ったことに全力で取り組むことを期待したためです。更には「子供たちには贅沢はさせませんでした。なぜなら、そうすることで、逆境にも耐えることができるからです」。

彼女曰く「わが家のモットーは〝危険を恐れるな、でも用心は忘れるな〟です」。人生は予期せざることが次々に起こるもの。最悪の事態を想定しながら、リスクを恐れず挑戦することで願った目標が得られるというわけです。今、イーロンは2050年を目標に火星への移住計画を進めていますが、母親としてはどう思っているのでしょうか。

インタビューにこう答えています。

「イーロンならやるでしょう。息子は99％が反対し、足を引っ張られたとしても、自分の信じた道を突き進むはずです。3歳の時から『お前は天才だよ』とつぶやきながら育てましたから」

イーロンが周囲の反対をものともせず、新規ビジネスに挑み続けるのは、この「孟母三遷」的なメイの熱い思いがあってのことかも知れません。

第七章

「飛んでる女ローレン」と「糟糠の妻マッケンジー」の「二股ロケット」によるアマゾン・ベゾスの宇宙遊泳

糟糠の妻マッケンジー

「糟糠の妻」を押し退けた「魔女」ローレン

新型コロナウィルスが蔓延し、世界的にロックダウン等で経済活動が大幅に制限されてしまいました。しかし、そうした厳しい状況下、飛躍的に業績を伸ばした企業の代表が1994年創業のアマゾンです。在宅勤務や巣籠もりライフスタイルが広がった結果、オンライン・ショッピングが急増したことが追い風になったことは否定のしようがありません。

コロナが猛威を振るう前からアマゾンは同業他社を圧倒し、世界最大のネット・ショッピング網を確立していました。その立役者といえば、坊主頭でチャーミングな風貌が売り物のジェフ・ベゾス氏です。1964年1月生まれの58歳。彼は最も尊敬する企業家としてウォルト・ディズニーとソニーの創業者であった盛田昭夫を挙げています。自分の会社の枠を超えた大きなミッションを追求した姿に感銘を受けたとのこと。

2017年7月にはマイクロソフトの創業者ビル・ゲイツ氏を抜いて世界一の大富豪に上りつめました。その時、ベゾス氏の資産は900億ドルを超えたのです。その後も順調に富を貯え、2000億ドルを突破しました。

2021年1月の時点で、資産額世界一の座を電気自動車「テスラ」のイーロン・マスク氏に譲り渡すことになりましたが、その差はわずかです。いつ逆転劇が起きても不思議ではありません。

マスク氏は電気自動車以外にも宇宙ロケットの打ち上げ会社「スペースX」をNASAのお抱え企業に仕立て上げましたが、ベゾス氏も「ブルー・オリジン」という宇宙船会社を立ち上げ、宇宙旅行ビジネスにも熱心に取り組んでいます。

2021年7月には自らが「ブルー・オリジン」に乗り込み、弟のマークを含む民間人クルー14人による地球周回という宇宙旅行を成功させました。11分間の無重力体験を全世界に同時配信し、多くの宇宙旅行ファンに夢と希望を与えたものです。その宇宙船が無事に地球に帰還し、ベゾス氏が元気な姿を見せた時、いの一番で抱きつき、喜びを分かち合った女性がいました。

日本では話題になりませんでしたが、この女性こそ、ベゾス氏の「元気の素」といえる存在です。ローレン・サンチェスといいます。現在53歳です。何しろ、ベゾス氏には25年間、連れ添った「糟糠《そうこう》の妻」がいましたが、その妻を押しのけ、ベゾス氏をメロメロにしてしまいました。

ローレンは天性の魔女です。ベゾス氏と引き合わせてくれたのは自分の夫であったパトリック・ホワイトセル氏で、ベゾス氏の夫人ともよく顔を合わせていました。なにしろ、ベゾス家とホワイトセル家はシアトルのご近所同士でもあったのです。

ホワイトセル氏はハリウッドのメガ・エージェント「エンデバー」の会長で、大物有名俳優を束ねる存在でした。ローレンとの間には2人の子供がいます。また、ローレンはパトリックと結婚する前にはNFLの看板スターであったフットボール選手トニー・ゴンザレスと結婚しており、子供も儲けていました。いわば、ローレンは男性の心を弄《もてあそ》ぶ天才といっても過言ではありません。

実は、ローレンはパトリックと別れる以前からベゾス氏と逢瀬《おうせ》を重ねていました。驚くべきことに、2人はベゾス氏がマッケンジー夫人や4人の子供と暮らす自宅からわずか5ブロックしか離れていないビバリー・ヒルトン・ホテルのプライベート・バンガローで密会を繰り返していたのです。ローレンはベゾス氏の良心を曇らせる魔女特有のマジックを使ったに違いありません。

その意味では、ベゾス氏の最初の妻であったマッケンジー夫人と、魔女として突然現れたローレンの2人の女性は見た目を含め、性格も経歴も全く違います。特技も違うようです。しかし、それぞれが対照的な方法を駆使して、世界一の大富豪のハートをゲットしたことは間違いありません。また、ベゾス氏を上手く利用して、自らのプライドを高めたのみならず、経済的な富を手中に収めることにも成功しています。

「恋愛相手は慎重に選べ。細心の注意が必要だ」

さて、争奪戦のターゲットになったベゾス氏ですが、27年かけて育て上げたアマゾンのCEOを2021年春、退任し、今では会長職に収まっています。この間、アマゾンを1・7兆ドルの巨大企業に大躍進させたわけです。世界19カ国にプライム会員1億5000万人を擁するまでになりました。ネット通販ビジネスの隆盛を背景にアマゾンの株価は急騰を続け、ベゾス氏の個人資産も1990億ドルにまで膨れ上がっています。

今ではメキシコからの移民3代目にして、元テレビのアンカーで自前のニュース番組も持っていたローレンという名の魔女的女性にぞっこんのようですが、ベゾス氏は2018年には糟糠の妻であるマッケンジーと離婚騒動を起こしたものです。

史上最大の財産分与となり、マッケンジー夫人は一夜にして女性としては世界で3本の指に入る大金持ちになりました。しかも、その足で、娘の通っていた学校の先生とあっという間に再婚してしまうのです。今ではマッケンジー・スコットといいます。

そのゴタゴタ劇は世界の注目を集めました。いずれにしても、ベゾス氏を巡る2人の対照的な女性の存在は、良くも悪くもオンライン・ビジネスをけん引するカギになったといえるでしょう。ベゾス氏は常々こう語っています。

「恋愛相手は慎重に選べ。細心の注意が必要だ」

17歳の母親と養父に育てられ

その女性遍歴を含め、栄光の軌跡と秘密を明らかにしたいと思います。

先ずはタイムスリップし、ベゾス氏の若かりし頃を覗いてみましょう。実は、彼は幼くして実の父親から捨てられてしまうのです。彼を産み落とした母親のジャッキーは当時17歳の高校生でした。父親のテッド・ジョーゲンセンはキューバ出身の労働者で、バイクショップを営んだり、サーカス団の一員として各地を転々とする暮らしぶり。ベゾスは生まれながらにして、数奇な運命を背負っていたといえそうです。

ベゾスは4歳の時に、ジャッキーが再婚相手に選んだミゲル・マイク・ベゾスの養子になりました。この新しい父親はエクソンモービルのエンジニアで、生活は安定していたようです。ジャッキーとマイクは、一時期マイクが勤務していたニューメキシコ銀行で出会ったとのこと。

その結果、実の父親とは別れ離れになってしまいます。幼いベゾスはベビーベッドのネジを自分で外して、普通のベッドで眠りたがったという逸話が残っているほどで、生まれながらにしてメカに強かったことは間違いなさそうです。

4歳から16歳になるまで、ベゾス少年は引き取ってくれた育ての父ではなく、その祖父プレストン・ギーゼのもとで、「生きるすべを学んだ」と語っています。ギーゼはアメリカ原子力委員会の地方局長でしたが、早期退職し、テキサス州で牧場を営んでいました。住む人のほとんどいないテキサス州の山村で、ほぼ自給自足のような生活でした。周りにはお店などなく、身の回りの品々や農機具などは全て自前で調達し、具合が悪くなると自力で修理せねばなりません。

そうした経験を経て、ベゾス少年は「人生で大切なことは学校で教えられるのではなく、自分の汗と血を流す中でつかみ取るものだ」ということを悟ったのでした。後に、ベゾス氏の伝記を執筆した作家が生みの親を探し当てて、取材をしているのですが、その人物は自分の息子が世界一の大富豪になっていることは全く知らなかったと語っていました。親子の縁は薄かったようです。

また、ベゾス少年は小学校の頃から「将来、人類は地球に住まなくなるだろう」と先生たちに話していたそうです。子供ながらにして、未来の宇宙事業家への志を抱いていたに違いありません。そして、今やその夢を実現しようと、「ブルー・オリジン」で宇宙への旅を着実に歩んでいます。

10代の頃はアルバイトをいろいろ経験したようです。夏休みにはマクドナルドで働いたこともあったそうですが、散々な体験だったと述懐しています。そこで同じくマックで知り合ったガールフレンドと話し合って、「子供対象の10日間のサマーキャンプ・プログラム」を始めたといいます。600ドルの参加費でした。6人の子供が応募してきたそうです。そのキャンプでの必読書はベゾスの愛読書であった『ロード・オブ・ザ・リング』だったとのこと。

上司ベゾスを誘ったマッケンジーの作戦勝ち

その後、ベゾス青年は高校を最優秀の成績で卒業しました。卒業式では総代としてスピーチを任されたほどです。全米でも最も突出して優秀な学生に贈られる奨学金を得て、名門プリンストン大学へ進学することになりました。大学では、電気工学とコンピュータ・サイエンスを専攻しました。卒業するに当たっては、インテルやベル研究所などからの誘いを断り、新興企業のフィッテルへの就職を決めました。そこでの短い実務経験を経て、CNETを創業するハルシー・マイナーの知遇を得て、一緒にタッグを組んで、ニュースをファックスで配信する事業を始める相談をしたのです。

しかし、結局、その話をご破算にし、ニューヨークのヘッジファンド「D・E・ショー」への再就職の道を選びます。この選択は大正解でした。なぜなら、そこで彼は結婚相手となるマッケンジー・タトルと出会うことになったからです。ベゾスはファンドの仕事で成果を上げ、4年で筆頭副社長の地位に上りました。

その間、ベゾスはニューヨークの夜の社交界を遊泳します。彼にとってはビジネス上の人脈作りに精力的に取り組むだけでは収まらず、女性との接点を求める本能が掻き立てられたようです。その方面での成果を上げるため、彼は社交ダンスの教室に通い、ダンスの腕前を上げたのでした。

「女性を魅了する技はビジネスを成功させる上でも欠かせない」

これがベゾスの信念なのです。

そして、就職先を求めて面接にやってきた同じプリンストン大学の卒業生であるマッケンジーを見初めたわけです。採用担当でもあったベゾスは彼女の履歴書を目にして、「やった!!　探していた女性だ」と確信したそうです。採用したマッケンジーを自分の隣の部屋に配属させたほど気に入ったようです。後に彼女が言うには「毎日、隣の部屋から彼の大きな笑い声が聞こえてきました。その笑い声に惹かれたのかも知れません」とのこと。

会社ではリサーチを担当させられたマッケンジーですが、6歳の時から小説に目覚め、大学時代には将来、必ず小説家になると決めていました。そのため、大学ではノーベル文学賞の受賞者であったトニ・モリスン教授の下で、小説の書き方を学ぶ毎日だったようです。教授からは「素晴らしい才能の持ち主だ。自分の教え子中ではピカ一だといえる」とお墨付きを得ていました。教授に認められ、彼女はリサーチ・アシスタントとして、ノーベル賞作家の仕事も手伝ったわけです。

とはいえ、小説家の道は厳しく、食べていくのは至難の業です。そこで、先ずは生活の糧を確保すべく、ニューヨークのヘッジファンドで働く道を選んだのでした。そこで出会った最初の上司がベゾスだったわけです。実は、食事を兼ねたデートに誘ったのは彼女の方でした。彼女なりの作戦を練っていたようです。その最初のデートから3カ月後に2人は婚約し、その3カ月後には結婚に至ったといいます。急展開でしたが、小説家を目指していたマッケンジーにとっては思い描いた脚本通りだったに違いありません。

1993年、未来の大富豪と結婚することになったわけです。2人はヘッジファンドの会社では隣同士の関係でしたが、家庭生活を共にするパートナーに変身しました。ベゾスは狙った彼女を手に入れたと思ったでしょうが、実は、23歳のマッケンジーが準備したシナリオに乗せられた面も否定できません。

その後、ベゾスは順調に業績を上げ、社長の覚えもめでたかったといいます。社交的なベゾスは人と会うのが大好きで、年中、パーティーに顔を出し、ビジネスにつなげる人脈を築いていきました。社長からも信頼を得ており、将来を嘱望されていたわけです。しかし、徐々に独立への関心を強めていったのです。幼い頃からの挑戦心が沸々と湧き出てきたに違いありません。

「アマゾン」を命名した令夫人マッケンジー

1994年当時、ウェブビジネスが年率2300％もの成長を記録する現状を見て、ヘッジファンドを飛び出し、ウェブの世界で新たな事業を起こしたいと決意したのです。オンラインで売れるものは何かと、独自の調査を行った結果、「先ずは書籍で勝負するのがベスト」との結論を得ました。

ウェブビジネスへの熱い思いを社長のデービッド・ショーに伝えると、社長もその見方には同意してくれたのですが、ベゾスが独立して事業を立ち上げたいというと、さすがに優秀な部下であったため、「考え直すように」と2日間の猶予を与えられたそうです。しかし、ベゾス氏の決意は固く、社長とは袂を分かつことになりました。

ベゾスの気持ちは「失敗しても、やらなかったことを後で後悔するよりマシだ」というもので、祖父から学んだ生き様に他なりません。「Ｗｈｙ？（なぜ？）」と自問するのではなく、「Ｗｈｙ ｎｏｔ？（なんでダメなの？）」と、進んで挑戦するのが彼のモットーです。

そして、ベゾスの決断を支え、その新規ビジネスの立ち上げで不可欠の役割を演じたのがマッケンジー夫人でした。当時、アメリカ最大の書籍の配送センターがひしめいていた西海岸のシアトルでビジネスを興すと決めたベゾス夫妻です。

ニューヨークからベゾスの育ての父親の住むテキサスに飛び、そこで父から車を借りてシアトルまで移動したとのこと。その際、ベゾスは育ての親から開業資金を借金しました。途上、車を運転したのはマッケンジーで、その間、ベゾスは事業計画をパソコンに打ち込む作業に没頭していたのです。

新たに誕生したアマゾンにおいて、マッケンジー夫人は最初の社員でした。しかも、社名の選定、事業計画、会計処理、運搬業社への発注など、全てマッケンジーが担当したといいます。何しろ、当初ベゾスが考えていた社名は「カダブラ」でした。

それを「アマゾン」に変えさせたのはマッケンジーです。もし、カダブラのままでスタートしていれば、これほどまでの人気を得ることができたのか、大いに疑問です。その意味でも、マッケンジー夫人の知恵はお金に代えがたいものだったと思われます。

ベゾスが新たな顧客とビジネスの打合せをするのは自宅兼事務所の側にあった大手書店「バーンズ・アンド・ノーブル」でした。待ち時間にも売れ筋の本を見定めたり、お客の行動パターンを観察できたため、一石二鳥だったようです。徐々にですが、アマゾンは全米50州のみならず、世界45カ国に書籍を販売するシステムを確立しました。

1997年5月には上場を果たしたのです。ベゾスの挑戦はそこで終わりませんでした。最初は書籍に限っていたのですが、徐々に販売する商品を拡大し、「想像できるものは、全て扱う」という大方針を打ち出したのです。日用品、洋服やゲームのアプリはもちろん、クラウド・コンピューティングのサービスまで事業を拡大して、今日に至っています。

その間、ベゾス氏はネット通販ビジネスに限らず、2013年8月には有力紙『ワシントン・ポスト』を2億5000万ドルで買収し、更には有機食材の育成と販売のトップブランドである高級スーパーマーケットの「ホール・フーズ」を137億ドルで買収しました。こちらは2017年8月のことです。しかも、アマゾン・プライムの会員には「ホール・フーズ」での買い物が10%割引でできるという特典を付けています。いわば、ネットと紙媒体や生の食品販売現場との融合を図る戦略に他なりません。

こうした新たなビジネス展開で向かうところ敵なし状況のベゾス氏ですが、彼の短気な性格は有名です。部下に対してもしょっちゅう怒鳴っているといいます。社内での新規事業の提案を聞く際にも、部下がパワーポイントを使うことを許しません。「もっと工夫して、自己表現力を磨け。パワーポイントなどに頼らず、口頭で相手を説得してみろ」と怒るわけです。多くの優秀な社員が辞めてしまったといいます。本人も反省したのか、指導力専門のコーチを雇って、言動をトーンダウンする技術を学んだとのこと。

しかも、ベゾス氏はケチでも有名です。「グーグル」などでは社員食堂で3食無料のサービスや、疲れを癒すためのマッサージなどが、従業員のやる気を高める効果があるとして福利厚生の一環として導入されています。しかし、アマゾンではそうした従業員向けのサービスは一切ありません。それどころか、「労働環境が厳し過ぎる」との批判や不満の声も聞かれます。何しろ、配送作業の現場ではトイレに行く時間もないため、ペットボトルで用を済ませているとのこと。新型コロナウィルスが蔓延し、ロックダウンが続く中、アマゾンでは従業員への感染予防対策がなされていないと、内部告発が頻発したほどです。

とはいえ、ベゾス氏はわが道を行くという姿勢を貫き、社員に甘い顔を見せません。その姿勢を誇示するかのように、彼は「会社から受け取っている年俸は8万1840ドルだ」と取材には答えています。

要は、多くの社員とそれほど変わらないと主張しているわけです。もちろん、それで納得するような社員はほとんどいないでしょうが。何しろ、ベゾス氏はアメリカ各地に大豪邸を所有し、高価なプライベートジェットで世界を飛び回っているのですから。

社員からの不平不満はあるものの、ベゾス氏のビジネスの先を読む嗅覚は他を圧倒しています。例えば、1998年、彼はグーグルの将来性を見抜き、25万ドルの投資を行いました。グーグルが上場したのは2004年のこと。その時点で彼の所有する株価は330

万ドルに跳ね上がったのですから。たった5年ほどで13倍に増やすことに成功したわけです。

ベゾス氏はケチで有名ですが、世界有数の大富豪であるため、様々な慈善団体や教育機関から寄付を求められてきました。しかし、彼はほとんど無視しています。いくつか例外はあります。その1つはワシントン州で活動するゲイ同士の結婚を支援する団体へ250万ドルの寄付をしたことでしょう。多様な価値観を尊重するという姿勢を示したわけです。

もう1つの例外はテキサス州の地下に「1万年の時を刻む時計」を設置するために4200万ドルの資金と自分の所有する土地の一部を寄付したことです。ベゾス氏とすれば、1万年後の人々に自分の存在をアピールしたかったのでしょうか。

一方、糟糠の妻であったマッケンジーは彼と2019年4月に離婚して得た財産350億ドルの半分以上を既に大学や福祉財団に寄付しています。妻であった時には、夫の反対でできなかった慈善活動に邁進しているわけで、好対照といえそうです。

ヘリ嫌いのはずがヘリ浸りになった背後に魔女ローレンの媚薬あり

ところで、ベゾス氏は宇宙事業を推進するために立ち上げた「ブルー・オリジン」のロケット打ち上げサイトの建設用地を探すため、自家用ヘリコプターでテキサス州内を飛行中に墜落事故に遭いました。ヘリは大破します。2003年のことですが、九死に一生を得たといいます。その事故以来、彼は大のヘリコプター嫌いになりました。

ところが、そんなヘリ嫌いが2年前からヘリコプターの操縦を学び始めたのです。しかも、それまで自家用ジェットを会社でも個人でも所有していたのですが、追加して特注のヘリコプターを会社に導入するようになりました。その流れで、アマゾンの新社屋が完成したロング・アイランドとノーザン・バージニアにヘリパッドも作らせることに。一体全体、この心変わりはどうしたことか、と社員も友人たちも不思議に思ったようです。

しかし、その後、その理由が明らかになりました。というのは、彼が妻のマッケンジーに隠して密かに付き合い始めた元女性司会者のローレンは凄腕の事業家でもあったのです。自らも「ブラック・オプス・アビエーション」という名の映画会社を経営しているのですが、この会社の得意技はヘリを駆使した空中からの撮影です。

しかも、彼女自身がヘリの操縦が趣味で、あらゆる機会にベゾス氏を誘ってヘリの旅を共にするようになっていたからです。そうです！　これも魔女ローレンの放った媚薬効果に他なりません。2018年には「ブルー・オリジン」をテーマにしたドキュメンタリーがユーチューブで公開され、その出来ばえの良さにベゾスも感心したといいます。このビデオを制作したのもローレンの会社でした。

彼女はハリウッドの有名俳優をマネジメントする会社を経営する夫と結婚していました。そんな関係でベゾス夫妻とは親しくなったようで、2カップルでの仲睦まじい姿をSNSで自慢しています。とはいえ、ローレンは夫の周りにいる数多くの男性タレントと派手な浮名を流すことで、その世界ではよく知られた存在でした。

そんな異色の存在ローレンに見初められたのがベゾスというわけです。しかも、ローレンは情報収集が巧みで、ベゾスの母親と再婚相手のマイクが一時働いていたニューメキシコ銀行にはローレンの従弟が勤務していたことを告げ、「ご縁の深さ」をさりげなく強調していました。

そもそも、ローレンの父親は「ゴールデン・エアウェイズ」という飛行機操縦学校を経営しており、母親もパイロットの免許を取得しているといった「飛行士一家」に他なりません。実は、母親の操縦するセスナ機が墜落したことがあったのですが、母親は重傷で命はとりとめたものの、同乗していた当時9歳のローレンはまったくの無傷だったとのこと。ローレンには目に見えない守護神が付いているようです。

いずれにせよ、彼女は相手が大統領だろうと、ロイヤルファミリーの一員であろうと、全く動じることがなく、また、デカプリオやジョニー・デップらハリウッドスターとも兄弟姉妹のような付き合いを重ねています。彼女が現れると、瞬時に、その場が華やぐという伝説の持ち主なのです。

彼女の弟マイケル・サンチェスによれば、「姉は付き合っていた金持ちの恋人連中に嫉妬させようと思って、ベゾス氏に近づいたんだろうな」といいます。

弟曰く「姉は2017年12月にテキサスにあるベゾスの別荘で関係を持ったようだ」。当時、ベゾス氏にはマッケンジー夫人と4人の子供がいました。

エロメール漏洩はトランプの策略？

また、冒頭にも紹介しましたが、ローレンにはハリウッドのメガ・エージェントである夫と2人の子供がいた上に、最初の夫であるアメフトの選手との間にも子供がいたのですから、ローレンの自信と魅力は半端ないものだったようです。

とはいえ、マッケンジーは夫ベゾスの行動には不信を抱き始めていたことは容易に想像できます。夫の使うプライベートジェットの搭乗員記録を確認し、夫がローレンと2人だけであちこち飛び回っていることを知り、不倫の証拠を掴むことになりました。

恐らく、マッケンジー夫人は衝撃を受けたに違いありません。なぜなら、ベゾス氏夫妻もホワイトセル夫妻も家族ぐるみの付き合いで、しばしば行動を共にしていたからです。にもかかわらず、「自分やホワイトセル氏の目を盗んで、不倫を働いていた」ことが発覚したから、当然でしょうが。

ベゾス氏は世界一、二位を争う大富豪です。そんな人物の言動はメディアの注目を集めます。ましてや、妻子がありながら、人妻とただならぬ関係にあるということは「大スキャンダル」に他なりません。そのウワサを嗅ぎつけた『ナショナル・エンクワイアラー』紙が同紙始まって以来の隠密的な大規模取材体制を組み、2人の行動を監視し始めます。彼らが入手したメールのやり取りは衝撃的な内容でした。

ベゾス曰く「俺たちは空を飛んでいる時も、パラシュートなんか要らない。なぜって、2人で一緒に飛び降りればいいのさ。2人一緒なら無事に着地できる」。また、ベゾス氏は自分のペニスを模した画像をローレンに送っており、そこには「俺は君を感じていたい。君の唇にキスをして、それから少しずつ優しく全身を舐めていきたい。君は俺を気持ちよくしてくれる無上の喜びだ」。

こうしたメールのやり取りを入手したわけで、『ナショナル・エンクワイアラー』では「世紀のスキャンダル：アマゾンのチャラ男CEO」として大キャンペーンを展開することになったようです。その動きを察知したベゾス氏も対策を講じます。ベゾス氏は「どこからデータが漏れたのだ。犯人は誰だ」と部下に調査を厳命しました。

ところが、なかなか漏洩ルートが明らかになりません。部下からは海外の諜報機関が電波傍受をした可能性も示唆されたほどです。しかし、その内、ベゾス氏は独自の結論に至たりました。曰く、「この動きの背後にはトランプ大統領が絡んでいるに違いない」。

なぜなら、ベゾス氏が経営権を握った『ワシントン・ポスト』紙は連日、トランプ大統領のロシア疑惑や非合法な不動産取引に関する報道を続けていたため、その新聞の評判を落とすには社主のベゾス氏のスキャンダルが最も効果的と判断したのだろう、とトランプ大統領の思惑を邪推したわけです。

というのも、トランプ大統領は『アマゾン・ワシントン・ポスト』と呼んでは、『ワシントン・ポスト』紙を目の敵にしていました。トランプ大統領は得意のツイッターで「ベゾスの新聞はフェイクニュースばかりだ」とこき下ろします。すると、ベゾスは「あんな大統領は地球に要らない。俺のロケットで宇宙に放り出してやる」と反撃するのが常でした。実は、『ナショナル・エンクワイアラー』紙のオーナーであるデービッド・ペッカー氏はトランプ大統領の長年の支持者でしたから、その関係も疑われたようです。しかも、同紙はコロナ禍で販売数が激減し、倒産の危機に瀕していました。

何とか、起死回生の大ネタが欲しかったわけです。「ビル・ゲイツ級の大物経済人がハリウッドがらみの妻子持ちの有名女性と不倫」となれば、大ヒット間違いなしと色めき立ったといいます。取材チームが半年あまりベゾスを追いかけました。その上で、確証が得られたと判断したのか、ベゾスの元に同紙からインタビューの申し込みがありました。

そこで、ベゾス氏は当初、お金を払って、記事の掲載を差し止めようとしましたが、埒《らち》が明きませんでした。そのため、方針を転換し、反トランプ・キャンペーンを一層加速させ、『ナショナル・エンクワイアラー』紙との癒着ぶりを暴露することに舵を切ったのです。

いわゆる「暴露合戦」の勃発です。大統領選挙も近いということもあり、様々な情報戦が展開されたのですが、このベゾス氏を巡る女性問題が思わぬ形でトランプ大統領の再選へ向けての動きの足を引っ張る形になったことは否定できません。

実は、トランプ大統領の友人であったペッカー氏はサウジアラビアのムハンマド皇太子とも緊密な関係でした。そのため、サウジ出身のジャーナリストで『ワシントン・ポスト』紙でサウジの王室批判を展開していたカショギ氏がトルコにあるサウジアラビアの総領事館内で斬り殺されたという前代未聞の事件を巡っても、その報道に関しては水面下で様々な駆け引きが繰り広げられていたようです。

離婚して小説家になった「糟糠の妻」

その一環として、サウジアラビアから提供されたＮＳＯと呼ばれるイスラエル製の通信傍受アプリを使って、ペッカー氏はベゾス氏の携帯を盗聴したり、その内蔵されている記録を盗み出したのではないかとの疑いも出たほどでした。なぜなら、ベゾス氏は2018年4月、1000億ドルのサウジのファンドを巡ってムハンマド皇太子と面談し、アマゾンがサウジにデータセンターを立ち上げる際の投資の相談もしていたといいます。その折、2人は携帯番号を交換し、メッセージのやり取りを始めていたからです。

ベゾス氏はその時、「スマホにスパイウエアをはめ込まれたのではないか」とも疑いを持つに至ったといいます。何やら、奇々怪々といった雰囲気が漂うばかりです。サウジアラビアとすれば、カショギ暗殺の事件報道をしつこく続ける『ワシントン・ポスト』紙の動きを封じ込めるために、社主のベゾス氏の携帯情報からスキャンダルのネタを抜き取ろうとした可能性があります。その意味では、ベゾス氏は知らぬ間にアメリカとサウジアラビアの情報戦に巻き込まれたといっても過言ではありません。

いずれにせよ、ベゾス氏とすれば、ローレンとの不倫関係が表に出る前に、マッケンジー夫人との融和的な離婚を発表せねばならなくなったわけです。実は、2人の住むワシントン州では協議離婚の場合には、夫婦の財産は平等に二分することが州法で決められています。そのため、マッケンジー夫人はアメリカ史上最高額の財産分与を受けることになりました。

とはいえ、交渉上手のベゾス氏は様々な条件を持ち出し、離婚に至った原因の自らの不倫問題を棚に上げ、マッケンジーに支払う財産分与額を25％にまで値切ったのです。もちろん、25％であっても575億ドルという莫大な金額であり、彼女は世界でも有数の資産家にランクインしたことは既に紹介しました。

長年、夫のベゾス氏を支えてきたマッケンジー夫人です。彼女の父親はフィナンシャル・プランナーでした。母親は専業主婦で、料理や家の飾りつけに熱心だったようです。その影響もあって、彼女は家庭的な性格の持ち主に他なりません。自分でも温かい家庭を作ろうとしていました。

彼女曰く「ジェフと結婚し、彼が事業で大成功したのは、まるで宝くじに当たったようなものです」「でも彼と私は性格が正反対です。毎晩、カクテルパーティーに顔を出し、初めて会う人たちと盛り上がることは、私の性に合いません」。

しかし、マッケンジーは彼女なりにジェフとの家庭作りに精力を傾けました。3人の息子を生み育て、女の子を欲しがった夫のために中国から女児を養子に引き取って、計4人の子供を育てることは大変なことだったようです。確かに、夫のお蔭で経済的には豊かになったものの、ナニーを雇って子育てを任せることはマッケンジーにはできませんでした。

子供たちの学校への送り迎えは全て彼女の役目でした。ホンダのミニバンがフル稼働したそうです。子供たちのために、台所で科学の実験もしました。ニワトリを一緒に飼い育てました。中国語も一緒に学びました。シンガポール式の数学の勉強も追加しました。学校が長期休暇となれば、子供たちを連れて自然体験にも行きました。できること、おもいつくこと、子供たちのためにあらゆるサポートを実行したわけです。

子供たちのために必死で駆け回るマッケンジーの姿からは世界一の大富豪の妻という様子は微塵も見えなかったといいます。それやこれやで、自分の夢であった小説を書くには自己犠牲を余儀なくされたようです。彼女はジェフと旅行に出かけた際にも、ジェフが寝ている時間に密かに小説の原稿を書いていたといいます。

ですから、若い頃からの夢であった小説家への道に邁進するため仕事三昧の生活に別れを告げる機会をうかがっていたフシも見えました。夫が愛人と密会を重ねていることは察知していたわけですから。

それゆえでしょうが、2017年頃から、夫婦で会合や会食に顔を見せることがめっきり少なくなりました。結果的に、マッケンジー夫人は小説の執筆に時間を注ぐことができるようになり、相次いで評価の高い著作を世に問うことになっていきます。

ようやく、マッケンジーはベゾスと別れたことで、自分の思う人生に舵を切ることができたようです。カズオ・イシグロの作品が大好きと言うマッケンジーは、子供たちにも夢を与える小説の執筆に本格的に取り組み始めました。これまで、育児と家事の合間を縫って書き上げた2冊の小説『The Testing of Luther Albright』と『Traps』が評判を呼んでいます。特に、前作は10年をかけて書き上げた小説ですが、2006年の「アメリカン・ブック・アワード」を受賞しました。彼女が師事したトニ・モリスン教授も絶賛した作品です。これからは様々な制約から解放され、創作活動に本領を発揮するに違いありません。

弟を捨てて、金づるのベゾスを選択した魔女

なお、ベゾス氏を奪い取った魔女の如きローレンの動きは、これまで以上に目が離せません。アメリカのメディアによる「売らんかな」取材報道の過熱とは別に、サウジアラビアやトランプ前大統領の思惑もかさなっていた怒涛のような第1幕は、とにもかくにもようやく終焉に至りました。

当時は、万が一、「世紀のスキャンダル」となれば、アマゾンの評判にも悪影響が避けられないとの危機感から、アマゾン社内にはメディア対応の極秘部隊が編成されたものです。しかも、傑作なことに、その中枢メンバーに採用されたのがローレンの弟のマイケルでした。姉の後押しもあり、ベゾスはマイケルの採用を即断即決したことは言うまでもありません。

しかし、後に発覚することになるのですが、『ナショナル・エンクワイアラー』紙が入手

したとされるベゾス氏とローレンの不倫関係を示す通信記録や2人が交換していた、いかがわしい画像データは、サウジアラビアの皇太子の思惑やトランプ大統領の差し金が絡んでハッキングされたものではなく、何と、このマイケルが姉の携帯から密かに盗み出していたのです。

そのことを隠し、この弟は『ナショナル・エンクワイアラー』紙からもベゾス氏からも二重取りで報酬を得ようと企んだわけです。当初、弟をかばっていたローレンですが、裁判沙汰になり状況証拠が相次いで明らかになると、態度を一変し、「マイケルは弟でも何でもない。彼の言うことは信用に値しない」と切り捨てたのでした。つまるところ、ローレンは弟を捨てて、金づるのベゾスを取りました。

すったもんだの愛憎劇は結局、ローレンが最大の勝利者となって一件落着しました。今や、2人は堂々と表舞台に登場し、冒頭、紹介したようにベゾス氏の11分の宇宙旅行からの帰還をいの一番に出迎えて、世界が注視する中、熱い抱擁とキスを交わしているのですから。

ビジネスの現場にも、はたまたベゾス氏がフランスのマクロン大統領やイギリスのチャールズ皇太子と会った際にも、ローレンは夫人然として同席していました。2021年11月、ビル・ゲイツは66歳の誕生日を親しい仲間と共に祝いました。独身になったゲイツはお気に入りの豪華ヨットを200万ドルで、1週間借り上げ、地中海のトルコ寄りの小島で盛大などんちゃん騒ぎで羽目を外したとのこと。

このパーティーにはベゾスもローレンも招かれたようです。参加者は皆、自前のヘリコプターで飛来したそうですから、ベゾスはローレンの操縦するヘリで到着したに違いありません。メディアに映像が流出することを恐れ、ビル・ゲイツは乗組員や給仕スタッフから携帯を全て没収していたといいます。ベゾスのアドバイスもあったのでしょう。

いずれにせよ、このところローレンの影響でしょうが、ベゾス氏のファッションや風貌は随分若返ったとの評判です。巷では、ローレンの魔法で「ベゾスは生まれ変わった」とまでいわれています。ローレンとの激しいほどの恋愛によって、ベゾスの全身の細胞が活性化し、若返り効果が発生したわけです。

この点、文学少女で小説家志望の家庭第一主義のマッケンジー夫人とは対照的です。ベゾスは従業員に対し「ワーク・ライフ・バランス」ではなく、「ワーク・ライフ・ハーモニー」が大事だと訴えています。要は、陰と陽の関係です。この考えから見れば、「陰のマッケンジーと陽のローレン」となるわけで、ベゾスはこの好対照な2人の女性によって、見事に操縦されてきたと言えなくもありません。

実は、ローレンはニューメキシコ州アルバカーキ生まれです。南カリフォルニア大学を卒業しています。「私の夢は世の中の常識を変えること」と語っていました。卒業すると、FOXチャンネルで初となるリアリティ・ショーのプレゼンターとして活躍します。その当時の彼女の番組には「あなたは自分がダンスを踊れると思っているわけね？」というユニークなタイトルが付けられていました。彼女の奇想天外なファッションや語り口で人気を博したようです。しかし、突然の妊娠が発覚したため、彼女はクビになってしまいます。

ローレンからすれば、ダンスの途中で足をすくわれた形です。そうした苦い経験もあり、彼女はメディアに影響力を持つ夫を見出すことで、再び、自分なりのダンスを踊ろうとしたに違いありません。そのターゲットになったのがハリウッドのメガ・エージェントであった2度目の夫でした。

夫となったパトリックからはハリウッドの映画やTVの世界で活躍中の多くの知己を得ることができました。その人脈を活かし、彼女は新たなTV番組で露出する機会を増やしていったわけです。更には映画『ダンケルク』の撮影にも得意のヘリコプター操縦テクニックを活かし加わることになります。まさに、魔女のパワー全開といえる快進撃でした。

その後は、これまで見てきたような奇想天外な物語が今日まで続いているわけです。ベゾスは2013年に「アマゾン・スタジオ」を立ち上げ、ディズニーやネットフリックスと肩を並べる映画事業を目指しました。しかし、これは思うようにいっていません。今後、映画界に詳しい、ローレンの力が期待されるところかも知れません。

思い起こせば、この映画会社「アマゾン・スタジオ」の2018年のクリスマス・パーティーにはマッケンジー夫人は欠席でしたが、ベゾス氏はローレンを伴って出席していました。何しろ、ハリウッドには友人知人の多いローレンです。この時のパーティーにはブラッド・ピット、バーバラ・ストライザンド、ジェニファー・ロペスなど多くのハリウッドスターが呼ばれていましたが、皆、ローレンの仲間なので、彼女が大いに盛り上げたものです。

2人で飛べば怖くない？

とにかく、ローレンの発する若返りパワーのお蔭でしょうが、ベゾスの事業欲は「ポスト・アマゾン」に向かって滑走しているように思えます。ベゾスが自ら言うように「2人で飛べば怖くない。パラシュートがなくても無事に着地できる」となれば、万々歳でしょう。アマゾンのCEOを下りた直後のインタビューで、ベゾスは意気揚々と話しています。曰く「CEOの職務からは解放されたが、アマゾンの重要事項には関与し続けるつもりだ。それ以上に、これまで十分にエネルギーを割けなかった『デイワン・ファンド』『ベゾス地球ファンド』、それに『ブルー・オリジン』や『ワシントン・ポスト』を強化したい。他にも、やりたい事業がたくさんある。どんどんやっていくつもりだ。正直言って、これまでの人生で今ほどエネルギーが湧き上がってきたことはない。引退などはあり得ない」。

どう考えても、ベゾスのリセット・ボタンを押したのはこれまで華々しい男性遍歴を誇ってきた魔女ローレンでしょう。彼女は間違いなくジェフの身体も人間性も変えてしまったようです。果たして、この2人の「愛のフライト」の行く先、そして着地点がどこになるのか、大いに気になります。

参考文献リスト

第一章　"認知症"疑惑のバイデン大統領をここまで「アゲマン」したジル夫人の蛮勇

・Jill Biden is Joe Biden's secret weapon, by Lauren Wright, New York Daily News, March 11, 2020.
・Jill Biden States Her Case, Shops Locally and Still Looks at Price Tags, by Rosemary Feitelberg, WWD, August 19, 2020.
・How Jill Biden could be Joe Biden's secret weapon in campaign to beat Donald Trump, by Alex McKeen, TORONTO STAR, October 30, 2020.
・Jill Biden: From teacher to US first lady, BBC, November 7, 2020.
・First professor: Jill Biden to make history as a first lady with a day job, by Nicole Gaudiano, POLITICO, November 12, 2020.
・'Dr B': the low-profile college educator set to break barriers as first lady, by Marinda Bryant, New York, November 18, 2020.
・Jill Biden, Joe's chief protector, to step up as first lady, by Laurie Kellman, Associated Press, November 29, 2020.
・You probably haven't noticed what Jill Biden wears, and that's very much the point, by Chloe Street, INSIDER, January 18, 2021.
・Who is Dr Jill Biden, the new First Lady of the United States ?, by Rebecca Cope, TATLER, January 20, 2021.
・Don't call her Mrs Biden: there's a doctor in the house, by David Charter, The Australian, January 22, 2021.
・Why Jill Biden Might Just Be Joe Biden's Greatest Political Asset, by Maggie Maloney, TOWN&COUNTRY, Feb. 3, 2021.
・Who Is Jill Biden, the New First Lady ?, by Andrea Park, Marie Claire, January 20, 2021.
・Dr. Jill Biden has 'a podium if she cares to use it', by Lauren Leader, USA TODAY, May 1, 2021.
・A First Lady for All of Us: On the Road with Dr. Jill Biden, Jonathan Ban Meter, Vogue Magazine, June 29, 2021.
・Macron, Jill Biden in Tokyo for Olympic opening ceremony, The Straits Times, July 23, 2021.
・President Joe Biden and First Lady Jill Biden Are Each Other's Biggest Cheerleaders, by Aryelle Siclait, Women's Health, August 28, 2021.
・Jill Biden is chasing the US President's most elusive campaign promise:

Unity, by Katie Rogers, New York Times, September 20, 2021.
・Jill Biden surprises the stranger who helped her rediscover her faith in God, CNN, October 18, 2021.
・Adam Lippes: Jill Biden Is ‘A Champion of American Fashion’, by Rosemary Feitelberg, WWD, October 30, 2021.
・Jill Biden pays tribute to one of America’s most iconic first ladies, by Kate Bennett, CNN, November 8, 2021.
・Jill Biden makes a statement with her ‘love’ jacket during UK trip, The Economic Times, November 9, 2021.

第二章　悪女メラニアの魔法でトランプ前大統領は2024年に復活する？

・The Untold Truth of Donald Trump’s Ex-Wives, by Andy Scott, Feb. 1, 2017.
・I want to show them that I don’t care: Melania Trump reveals details of her life in the White House in her first extensive sit-down interview since becoming first lady, by Cheyenne Haslett, ABC News, October 13, 2018.
・Twitter explodes after Melania Trump rebukes Stanford professor for comment about Barron, by Martha Ross, Bay Area News Group, December 4, 2019.
・Melania is Living Her American Dream, by Laura Miller, SLATE, June 18, 2020.
・New book reveals the rise, influence and untold story of Melania Trump, by Rodney Pratt, The Morning Show, July 14, 2020.
・What’s Really Going On With Donald Trump’s Marriage, by Carmen Ribecca, July 16, 2020.
・Melania Trump Quotes That Prove She’s a Lot Like Donald Trump, by Sara Kitnick, Entertainment News, October 24, 2020.
・Biden Was Right to Leave Afghanistan, But Sanctions are for Sore Losers, by Eve Ottenberg, CounterPunch, September 10, 2021.
・If Trump runs, she will be right there: Melania will be by her husband’s side if he runs for president again, insider claim, by Rob Crilly, Dialymail, September 14, 2021.
・Melania Trump Was Nicknamed ‘Rapunzel’ by Secret Service for Rarely Leaving White House Residence, Book Claims, by Aaron Parsley, September 29, 2021.

・Melania's curveball ? Mrs Trump's smile fades as she stands next to Donald at Braves game in their first public outing together since April, by James Gordon, Dailymail, October 31, 2021.

・The return of Melania Trump: 5 signs the former US first lady is making a comeback after months out of the spotlight, by Leah Simpson, SCMP, Nov. 13, 2021.

第三章　「年上の女（超熟女）」に嵌まったからこそ「史上最年少大統領」になれたマクロン

・Trump tells Brigitte Macron: You're in such good shape, by Meg Wagner, CNN, July 13, 2017.

・Brigitte Macron: A first lady in all but title, FRANCE 24, August 17, 2017.

・Emmanuel Macron's wife on 25-year age gap, by David Caplan, ABC News, August 19, 2017.

・French president Emmanuel Macron's wife Brigitte: the secret to her appeal, by Jane Wheatley, The Sydney Morning Herald, November 10, 2017.

・France's First Lady Brigitte Macron On Age, Falling In Love And Melania Trump, by Erin Doherty, ELLE, November 27, 2017.

・What Foreigners Don't Get About Emmanuel Macron, by Pascal-Emmanuel Gobry, The Atlantic, January 20, 2018.

・Brigitte Macron: France's first lady is her husband's equilibrium, by Julia Macfarlane, ABC NEWS, April 24, 2018.

・Brigitte Macron on life at the top as France's first lady, BBC, April 26, 2018.

・Brigitte Macron's daughter speaks out about her mum's relationship with French President, news.com,au, June 14, 2018.

・Why Brigitte Macron is the most loved French first lady for years, by Agnes Poirier, The Observer, August 4, 2018.

・A most unlikely romance: the French president's unconventional love story, by David Chazan, FRIDAYMAGAZINE, July 11, 2019.

・France's first lady Brigitte Macron, 66, is seen looking fresh-faced for the first time since having three-hour cosmetic surgery at private hospital in Paris, by Jessica Rach, MAIL, August 19, 2019.

・Age-Appropriate: Brigitte Macron Breaks Fashion Rules at 66, by Leanne Delap, ZOOMER, February 12, 2020.

・France's First Lady who is Emmanuel Macron's wife Brigitte Trogneux and how did they meet?, by Sam Webb, The SUN, December 17, 2020.
・Is Brigitte Macron the Real power at the Elysee Palace?, by Claire Toureille, MAIL, September 1, 2021.
・Brigitte Macron Epitomizes French-Chic in Black Minidress, Sheer Tights and Navy Pumps, by Aaron Royce, yahoo!life, Septenber 8, 2021.
・Brigitte Macron accused of acting like Queen of France, by Judith Mischke, POLITICO, September 19, 2021.

第四章　「年上の男」を速攻で釣り上げた
「可愛いカワウソちゃん」ことキャリー夫人の権謀術数

・Boris Johnson's new girlfriend teams up with hid dad on anti-whaling protest, by Catherine Wylie, Mirror, January 26, 2019.
・The Similarities Between Boris Johnson And Donald Trump, by Frank Langfitt, npr, July 23, 2019.
・Who is Boris Johnson's first wife, former Tatler cover girl Allegra Mostyn-Owen?, by Annabel Sampson, TATLER, November 11, 2019.
・Johnson's baby power: British PM and his girlfriend are expecting first child, by Mike Harrison, REUTERS, March 1, 2020.
・8 things to know about Boris Johnson's pregnant fiancée, Carrie Symonds, by Gillian Rhys, SCMP, March 26, 2020.
・How did Boris Johnson and Carrie Symonds meet and when was their baby born?, by Daisy Naylor, Mirror, April 29, 2020.
・British Prime Minister Boris Johnson's fiancée Carrie Symonds trying to run government by WhatsApp, by Edward Malnick, Daily Telegraph, November 15, 2020.
・Under new management:Is Carrie Symonds the real power at No 10?, by Gaby Hinsliff, The Observer, November 29, 2020.
・Carrie Symonds and the First Girlfriend problem, by Douglas Murray, The SPECTATOR, May 1, 2021.
・Who is Carrie Symonds? Boris Johnson's new wife whose influence inside Number 10 is under scrutiny, by David Mercer, Sky news, May 30, 2021.
・Good luck Carrie-marrying Boris Johnson is an act of extreme optimism, by Polly Hudson, Mirror, June 1, 2021.
・Diaper diplomacy! Jill Biden goes barefoot on the beach as she plays with

Boris and Carrie Johnson's one-year-old son Wilfred ahead of G7 summit, by Charlie Lankston, Dailymail, June 10, 2021.
・G7: Carrie Johnson treats spouses to steak, firepits and brie on the beach, by Sinead Wilson, BBC News, June 11, 2021.
・Inside Boris Johnson's money network, by George Parker, FT Magazine, July 30, 2021.
・The Minister of Chaos, by Tom McTague, July/August 2021 issue.
・Has anyone had a start to family life as dramatic as Carrie and Boris Johnson?, by Katie Hind, The Mail, August 1, 2021.
・The curious case of Pen Farthing, Carrie Johnson and the Afghan animal airlift, The Week, August 26, 2021.
・Carrie Johnson will give LGBT+rights speech at Tory party conference's Pride reception, by Emer Scully, Mail, October 1, 2021.
・Charity that employs Carrie Johnson faces further questions over finances, by Rowena Mason, The Guardian, November 13, 2021.
・Johnson and staff seen at No 10 event in lockdown, by Heather Stewart, The Guardian, December 20, 2021.
・U.K. Prime Minister Boris Johnson apologizes for attending garden party during country's lockdown, by Jill Lawless, Associated Press, January 12, 2022.
・Factbox: From sleaze scandal to lockdown parties: trying times for UK PM Johnson, REUTERS, January 13, 2022.

第五章　ビル・ゲイツに三行半を突きつけたメリンダ夫人の「男《おとこ》気《ぎ》」

・The Gates Family, Eugenics and COVID-19, by TOTT News, April 9, 2020.
・Globalists using COVID-19 to usher in UN Agenda 2030 Brave New World ten years ahead of schedule, LeoHohmann, April 15, 2020.
・Bill Gates Compares Coronavirus Fight To World War Two,by Niamh Harris, News Punch, April 25, 2020.
・Bill Gates, Sustainable Agriculture Champion, Is America's Biggest Farmland Owner, NEWSWEEK, February 28, 2021.
・Farmer Bill and the Great Reset, by Dr. Joseph Mercola, MERCOLA, March 12, 2021.
・Bill and Melinda Gates divorce after 27 years of marriage, BBC, May 4, 2021.

・The Bill and Melinda Gates divorce: Everything about the foundation, affair and billions at stake, by Ian Sherr, Cnet, May 17, 2021.
・Bill and Melinda Gates divorce throws spotlight on money manager, by Sophie Alexander, Bloomberg, June 21, 2021.
・Bill Gates could oust Melinda French Gates from their foundation in 2023, by Allison Morrow, CNN, July 7, 2021.
・The political awakening of Melinda French Gates, by Joshua Chaffine, FT Daily, July 11, 2021.
・Fact check: Claim misleads about Melinda Gates' remark on African Americans, Native Americans, by Chiara Vercellone, USA TODAY, July 29, 2021.
・Bill and Melinda Gates Are Officially Divorced: Here's What We Know About Why They May Have Split, by Rose Lorre, Parade, August 2, 2021.
・Long Before Divorce, Bill Gates Had Reputation for Questionable Behavior, by Emily Flitter, The New York Times, October 18, 2021.

第六章　「世界一の大富豪イーロン・マスク」を骨抜きにした美女たち

・Elon Musk's ex-wife on secret to getting rich: Be obsessed, by Robert Frank, Millionaires & Billionaires, April 20, 2015.
・Why Tesla 'has a problem appealing to women': Electric cars, Elon Musk may be off-putting, by Nathan Bomey, USA TODAY, July 8, 2019.
・3 Lessons Elon Musk's First Wife Can Teach You About Attracting Women, by Mahmudul Islam, Medium, August 14, 2020.
・I was a Starter Wife: Inside America's Messiest Divorce, by Justine Musk, marie Claire, September 10, 2010.
・Elon Musk's love life mapped: the Tesla founder divorced 3 times, fell hard for Johnny Depp's ex Amber Heard and now has a baby with Grimes, SCMP, May 9, 2021.
・10 things You May Not Know About Elon MusK's Mom, Maye Musk,by Sara Kettler, BIOGRAPHY, November 17,2020
・What Elon Musk's Asperger's comment could mean for the business world, by Alexis Benveniste, CNN, May 12, 2021,
・Tesla goes on PR hiring spree in China in bid to find government lobbyists after sales there plunged by 69% in a month due to complaints about crashes and quality, by Keith Griffith, DailyMail, August 17, 2021.

・Elon Musk Questions Taliban For Not Wearing Masks Amid Delta Variant Spread, ABP News, August 21, 2021.
・Everything to Know About Grimes and Elon Musk's Relationship, by Nicole Briese, BRIDES, September 24, 2021.
・Musky Past Inside Elon Musk's complicated relationships from recent ex Grimes to Amber Heard and Westworld actress Talulah Riley, by Fionnuala O'Leary,The U.S. SUN, September 25, 2021.
・Grimes and Elon Musk's strange romance is finally over, by Ira Wilder, The Daily Tar Heel, September 28, 2021.
・Grimes confirms she's still living with Elon Musk amid break-up reports, The Economic Times, November 23, 2021.
・Musk versus Bezos: real rivals or a fake feud?, by Ben Little, Asia Times, October 27, 2021.
・Elon Musk/Grimes Sings...HE'S A GREAT GAMER BUT A LOUSY BF!!!, TMZ, December 5, 2021.

第七章　「飛んでる女ローレン」と「糟糠の妻マッケンジー」の「二股ロケット」によるアマゾン・ベゾスの宇宙遊泳

・MacKenzie Bezos: Writer, Mother of Four, and High-profile Wife, by Rebecca Johnson, VOGUE, February 20, 2013.
・Inside the 25-year marriage of the world's richest couple Jeff and MacKenzie Bezos, by Jessica Wang, MPlus, January 10, 2019.
・The role women play in the success of their billionaire husbands, by Julia Carpenter, CNN, January 18, 2019.
・Revealed: Jeff Bezos and mistress Lauren Sanchez took the billionaire's $65million private jet for a romantic Miami getaway and another trip to Boston, by Kayla Brantley, DailyMail, January 23, 2019.
・The Bezos divorce, explained, by Anna North, Vox, April 4, 2019.
・Jeff Bezos' ex-wife MacKenzie's post-divorce revenge, by Maureen Callahan, New York Post, August 3, 2020.
・Billionaires see fortunes rise by 27% during the pandemic, by Simon Read, BBC, October 7, 2020.
・MacKenzie Scott: ex-wife of Jeff Bezos gives away $4bn in four months, by Mark Sweney, The Guardian, December 16, 2020.
・Jeff Bezos and Lauren Sanchez's roller coaster romance, SCMP, January

5, 2021.
・Amazon CEO Jeff Bezos and his secrets for success, PAYSPACE, January 12, 2021.
・Jeff Bezos ex-wife: MacKenzie Scott, Amazon founder former wife marry Dan Jewett her pikin teacher, BBC, March 8, 2021.
・Jeff Bezos affair saga is even more embarrassing than you thought, by Kyle Smith, New York post, May 13, 2021.
・How Amazon boss Jeff Bezos was exposed as a love cheat after taking on a Saudi tyrant and Donald Trump, by Brad Stone, The Mail, May 16, 2021.
・MacKenzie Scott Has Pledged to Donate Half Her Net Worth to Charity, by Caroline Hallemann, Town & Country, June 15, 2021.
・Triumph of the former Mrs Amazon: What MacKenzie Scott did next, by Lucy Pavia, Insider, June 16, 2021.
・How Amazon CEO Jeff Bezos became richest man in the world as he steps down today, by Emma Munbodh, Mirror, July 5, 2021.
・My Secret to the Success of Amazon? Being OK With Spectacular Failure, by Jeff Bezos, Expert Contributor, August 9, 2021.
・Jeff Bezos has reportedly invested in anti-aging startup Altos Labs, by Will Feuer, New York Post, September 7, 2021.
・Jeff Bezos gives $ 607 million to climate groups in Erath Fund push, The Straits Times, December 7, 2021.
・Why MacKenzie Scott Is The World's Most Powerful Woman, by Maggie McGrath, ForbesWomen, December 7, 2021.

浜田和幸（はまだ　かずゆき）

国際政治経済学者。国際未来科学研究所主宰。

1953年鳥取県生まれ。東京外国語大学中国語学科卒。米ジョージ・ワシントン大学政治学博士。新日本製鉄、米戦略国際問題研究所、米議会調査局等を経て、2010年参院選に鳥取県から立候補し当選。2011年以降、総務大臣政務官、外務大臣政務官兼東日本大震災復興対策推進会議メンバーとして、外交の最前線で奮闘する。

専門は「技術と社会の未来予測」「国家と個人の安全保障」「長寿企業の戦略経営」。米ワシントン・ロータリー・クラブ米日友好委員長、2020年東京オリンピック・パラリンピック招致委員会委員など要職を歴任。2014年にはアルベルト・シュバイツァー賞、並びにアラブ連盟功労賞を受賞した。

メディア出演のほか、国内外の機関が主宰するセミナーやプロジェクトにも参画する。ベストセラーとなった『ヘッジファンド』（文春新書）、『快人エジソン』（日本経済新聞社）、『たかられる大国・日本』『未来の大国』『イーロン・マスク　次の標的』（祥伝社）をはじめ著書多数。

メルマガ『ぶっちゃけ話はここだけで』
http://www.mag2.com/m/0001672202.html
メルマガ『世界最新トレンドとビジネスチャンス』
http://foomii.com/00096
ニコニコチャンネル『浜田かずゆき：世界の真実、最前線』
http://nicochannel.jp/hamadakazuyuki

世界《せかい》のトップを操《あやつ》る“ディープレディ”たち！

2022年３月１日　初版発行

著　者　浜田 和幸

発行者　鈴木 隆一

発行所　ワック株式会社
東京都千代田区五番町 4-5　五番町コスモビル　〒102-0076
電話　03-5226-7622
http://web-wac.co.jp/

印刷製本　大日本印刷株式会社

ⓒ Hamada Kazuyuki
2022, Printed in Japan
価格はカバーに表示してあります。
乱丁・落丁は送料当社負担にてお取り替えいたします。
お手数ですが、現物を当社までお送りください。
本書の無断複製は著作権法上での例外を除き禁じられています。
また私的使用以外のいかなる電子的複製行為も一切認められていません。

ISBN978-4-89831-861-4

好評既刊

美しく、強く、成長する国へ。
私の「日本経済強靱化計画」
高市早苗
B-352
「崩れ行く日本」の矜持を取り戻し、「確かな未来」を子孫に提示するために書かれたこの本が、日本をいま大きく変えようとしている。
ワックBUNKO　定価990円（10%税込）

ディープステート
世界を操るのは誰か
馬渕睦夫
ロシア革命を起こし、赤い中国を支援。朝鮮戦争からイラク戦争、アメリカ大統領「不正」選挙まで、世界を裏で操る「ディープステート」の実態を解明。
単行本（ソフトカバー）定価1540円（10%税込）

米中激突の地政学
そして日本の選択は
茂木 誠
B-355
なぜ、二大覇権国家は衝突するのか。シーパワー超大国・米国の真の姿、ランドパワー大国・中国の本質とは？　シーパワー国家・日本の進むべき道は？
ワックBUNKO　定価1100円（10%税込）

http://web-wac.co.jp/